Manuel de Azevedo Antunes

PARA UMA UTILIZAÇÃO DO SPSS
STATISTICAL PACKAGE FOR THE SOCIAL SCIENCES

GUIA DO UTILIZADOR

Parte I – Estatísticas Descritivas

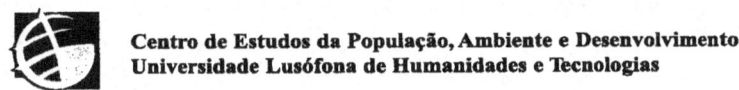

Centro de Estudos da População, Ambiente e Desenvolvimento
Universidade Lusófona de Humanidades e Tecnologias

2.ª Edição, 2016

FICHA TÉCNICA
Título: *Para uma Utilização do SPSS - Statistical Package For The Social Sciences: Guia do Utilizador* - Parte I – Estatísticas Descritivas
Autor: Manuel de Azevedo Antunes
Copyright © 2016, Manuel de Azevedo Antunes & CEPAD
Todos os direitos reservados
Lisboa
1.ª Edição, 2003

Capa: J&L Designers, Lda

ISBN: 978-1523907557
Impressão e acabamento: CreateSpace - Amazon

CEPAD – Centro de Estudos da População, Ambiente e Desenvolvimento
ULHT – Universidade Lusófona de Humanidades e Tecnologias
Av. do Campo Grande, 376, 1749-024 LISBOA
Telef.: 217515500; Fax: 217577006
E-mail: mantunes@ulusofona.pt
www.ulusofona.pt

1 – APRESENTAÇÃO

Este Guia do Utilizador do **SPSS - STATISTICAL PACKAGE FOR THE SOCIAL SCIENCES -** surge na sequência da minha docência sobre esta matéria e de uma utilização sistemática que tenho feito deste **software**, desde algumas dezenas de anos a esta parte.

O **SPSS** conta já com várias décadas de aplicação, não apenas na área das Ciências Sociais - como o nome sugere -, mas nos diversos campos da análise estatística, não importa de que prática científica. Foi adquirido pela IBM, à SPSS, Inc., em 2009.

A título de curiosidade, o **SPSS,** criado em 1965, na Universidade de Stanford, nos Estados Unidos, e comercializado a partir de 1968, entrou pela primeira vez em Moçambique em 1984, para o **CIUEM - Centro de Informática da Universidade Eduardo Mondlane**. Foi, desde então, que passei a utilizá-lo, sistematicamente, em múltiplas análises.

Gostaria que este Guia tivesse um cariz essencialmente prático. Assim, a partir de algumas noções e das instruções e/ou comandos com que o utilizador se for familiarizando, tentar-se-á aplicar os conhecimentos adquiridos.

Este texto mais não pretende ser do que um simples guia das versão do **IBM SPSS 20 for Windows**, em português, que, depois de várias outras, se seguiu às versões do **SPSS/PC+** para computador IBM PC/XT/AT ou compatível, com sistema operativo MS-DOS, e tem como ponto de partida uma adaptação da primeira versão, para computador PDP-11/34, por mim elaborada em Maputo, em 1986.

Em 2003, foi publicada a 1.ª Edição deste **Guia do Utilizador**, sobre Estatísticas Descritivas, de que foram feitas várias reimpressões, até 2013.

2 - INTRODUÇÃO AO SPSS

O **SPSS**, nas suas várias versões, é um sistema de **software** suficientemente completo para a análise estatística. É mesmo considerado o programa mais utilizado, para o efeito, na área das Ciências Sociais. Embora não seja o único, pois existem vários outros programas nesse domínio.

O **SPSS** permite computar distribuições de frequências, com gráficos e estatísticas descritivas, elaborar tabulações, fazer a análise da variância, determinar correlações, aplicar testes paramétricos e não paramétricos, fazer análises da regressão, de sobrevivência, descriminante, fatorial, de clusters, etc. Inclui também a possibilidade de formatação variável para efeitos de elaboração de relatórios. E as possibilidades de transformação dos dados permite gerar novas variáveis que sejam combinações lógicas e/ou matemáticas das variáveis existentes, bem como recodificar os respetivos valores. O **SPSS** está ainda equipado com um **Editor** que pode ser utilizado para introduzir os dados a partir do terminal.

Os tipos de análise estatística que o **SPSS** possibilita são aplicados não apenas às ditas Ciências Sociais, mas aos mais diversos ramos do saber, quando seja necessário proceder a uma análise de dados.

A comunicação com o **SPSS** faz-se através de uma série de comandos de uso relativamente fácil, no modo programado, ou por meio de "clics" nos respetivos "icons", no modo interativo da versão para **Windows**.

A entrada de dados pode ser feita diretamente a partir do terminal, do disco, de disquete, de cd-rom, de banda magnética ou de qualquer outro suporte adequado. Também podem estar inseridos no próprio ficheiro de comandos do **SPSS** ou num ficheiro independente, e, ainda, de outros ficheiros, por exemplo, de EXCEL ou ACCESS.

3 - A ORGANIZAÇÃO DOS DADOS

Os dados a ser utilizados pelo **SPSS** são formados por **casos**, que contêm **grandezas** ou **valores** para um conjunto de diversas **variáveis**.

O **caso** é a unidade básica para análise. Exemplo: cada aluno da população estudantil universitária a analisar constitui um **caso**; o número que lhe é atribuído forma uma grandeza ou valor a que se chama **variável**.

Cada **caso** deve ter um e só um valor para cada variável: um único número, um único apelido, uma só idade, etc. Assim como cada **caso** deve conter as mesmas variáveis pela mesma ordem.

Antes de proceder à gravação dos dados, é necessário estabelecer uma codificação apropriada que equipare os caracteres numéricos ou alfanuméricos a cada valor de cada variável. Exemplo: a "profissão do pai do aluno" será representada por um código numérico arbitrário: 1 - militar; 2 - carpinteiro; 3 -comerciante; etc.

As variáveis podem ser do tipo **numérico** ou **alfanumérico.**

As variáveis alfanuméricas podem incluir qualquer combinação de letras, números ou carateres especiais, devendo sempre começar por uma letra. Ex.: Para a variável Profissão, CAR - carpinteiro; PED - pedreiro; ES1 - estudante do 1º ano; etc. Há alguns nomes que pertencem a determinadas palavras de sintaxe reservadas e que, por isso, não podem ser utilizadas como variáveis: ALL, AND, BY, EQ, GE, GT, LE, LT, NE, NOT, OR, TO, WITH.

As variáveis numéricas podem ser inteiras - só números inteiros -, ou contínuas, que podem ter números decimais.

A distinção entre variáveis numéricas e alfanuméricas é importante, uma vez que as numéricas podem ser tratadas matematicamente e as outras não. Só após recodificação das variáveis alfanuméricas para numéricas é que elas podem ter um tratamento matemático.

Muitas vezes acontece haver falta de informação para algumas variáveis de um ou mais **casos**. É o que ocorre quando o inquirido não respondeu, se a resposta não foi anotada, etc. O **SPSS** prevê processamentos opcionais para essas situações.

O **SPSS** lê os dados de ficheiros organizados com um formato de campos fixo, em que há um valor para cada variável e as variáveis estão na mesma ordem em cada **caso**.

Cada **caso,** nas versões do **SPSS** para **Windows**, tem um **registo** por linha.

O conjunto de todos os registos com os valores de cada variável para todos os **casos** constitui um **ficheiro de dados**.

Quanto maior for o ficheiro, mais tempo levará a ser executado.

4 - ACESSO AO PROGRAMA

Para aceder ao programa deve-se começar por entrar no ambiente **WINDOWS**.

A partir daqui, ou se dá um duplo clique no ícone do **IBM SPSS**, se este estiver no *desktop*, ou, então, clica-se em
Iniciar > Todos os programas > IBM SPSS Statistics > IBM SPSS Statistics 20

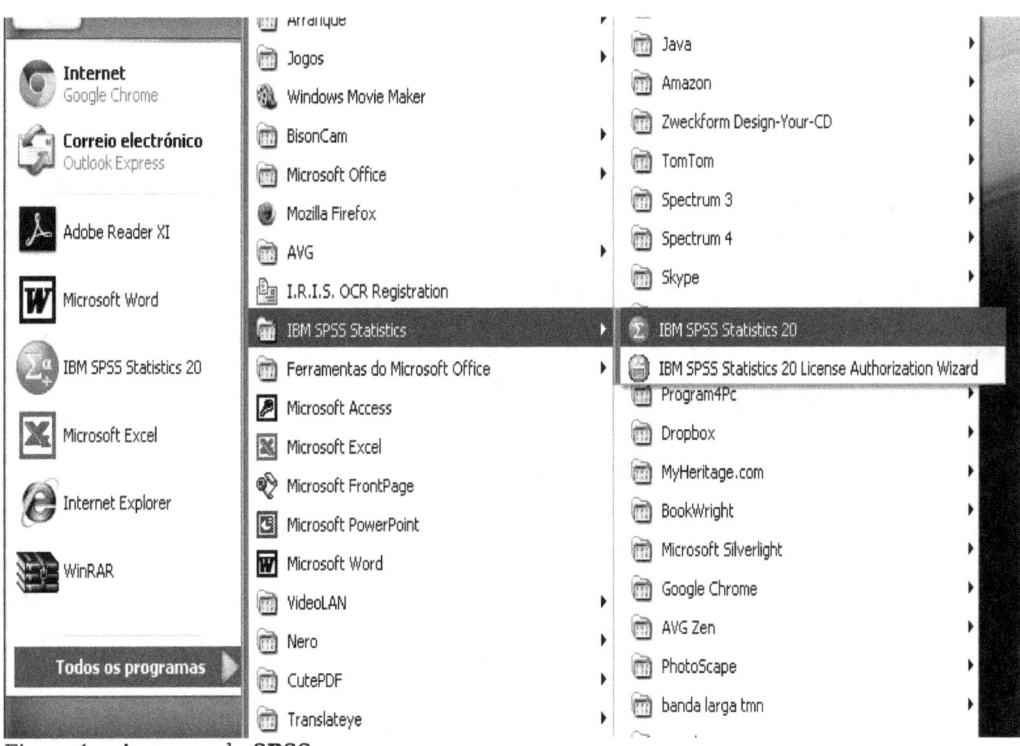

Figura 1 – Arranque do **SPSS**.

Aparece, então, uma janela:

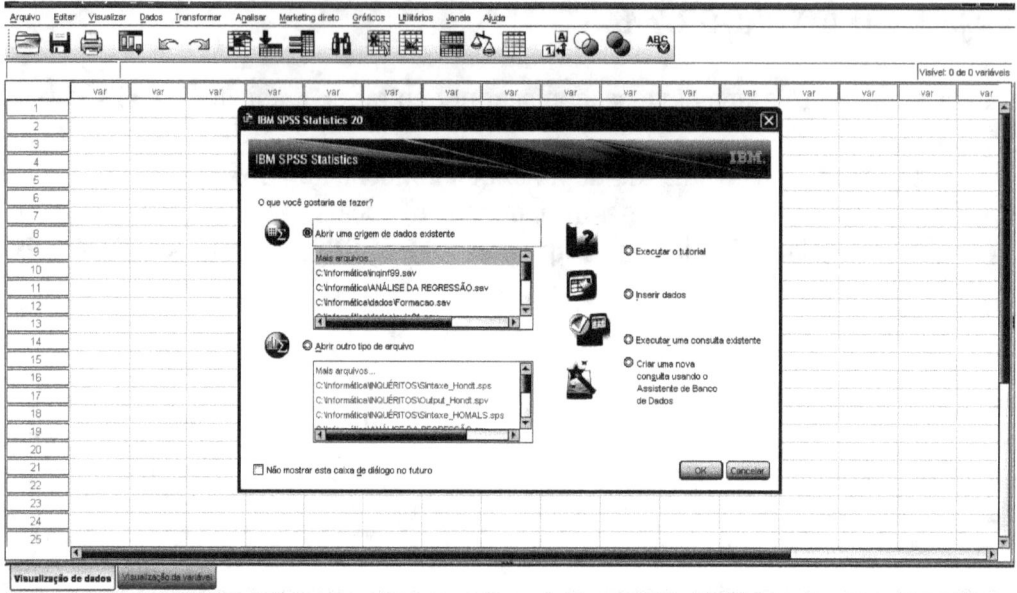

Figura 2 – Abertura do **SPSS**.

A partir da caixa de diálogo, sobreposta à Janela do **Editor de Dados**, pode-se:

- Correr o tutor (**Executar o tutorial**);

- Criar uma nova base de dados (**Inserir dados**);

- Correr dados de uma base já existente (**Executar uma consulta existente**);

- Criar uma nova busca a partir de uma base de dados anterior (**Criar uma nova consulta usando o Assistente de Banco de Dados**);

- Abrir um ficheiro já existente (**Abrir uma origem de dados existente**);

- Abrir outro tipo de ficheiro (**Abrir outro tipo de arquivo**).

Selecciona-se a tarefa que se deseja e, de seguida, clica-se em **OK**.

Para entrar diretamente no **Editor de dados** pode-se clicar apenas em **Cancel**.

Entre as várias **interfaces** do **SPSS**, as janelas desempenham um papel importante. O **SPSS** tem uns sete tipos de janelas: **Editor de dados (Visualização de dados** e **Visualização da variável), Visualizador de saída de resultados, Editor de tabelas, Editor de gráfico, Editor de saída de texto, Editor de sintaxe, Editor de script**.

A janela do **Editor de dados** é a primeira que surge quando se inicia o programa.

Se já se estiver a usar o **SPSS**, clica-se em **Arquivo > Novo > Dados**

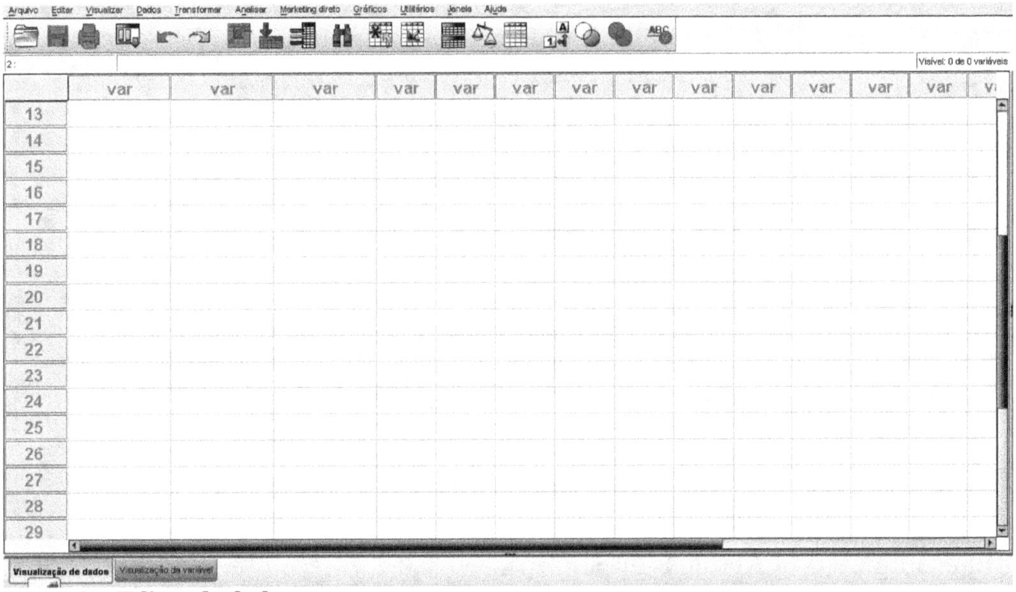

Figura 3 – **Editor de dados.**

Como o nome indica, esta janela é usada para a edição dos dados, embora estes também possam ser importados de outros programas, nomeadamente do EXCEL, do ACCESS, etc., seguindo as instruções apropriadas: **Arquivo > Abrir banco de dados > Nova consulta**....

Para guardar os ficheiros do SPSS procede-se como para qualquer outro ficheiro.

Cada janela tem a sua **barra de menus** e de **ferramentas**, ao cimo, e de **estado**, ao fundo.

A partir daqui pode-se, além do mais, escolher as opções de funcionamento do programa, nomeadamente o idioma a utilizar. Por defeito, aparece em inglês.

Edit > Options

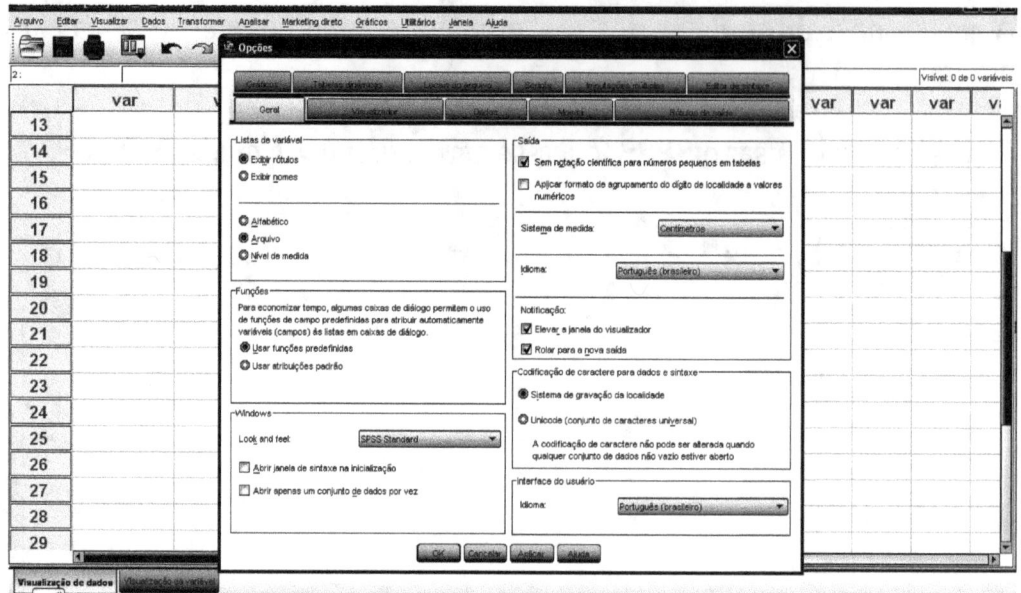

Figura 4 – Escolha das **opções**.

Foi escolhido o Português (brasileiro).

Para fechar a janela, clica-se em **OK.**

5 - REGISTO DE DADOS

Para registar os dados no **SPSS** é preciso começar por definir as variáveis. Para isso, uma vez no **Editor de dados**, escolhe-se, no canto inferior esquerdo, a alternativa **Visualização da variável**.

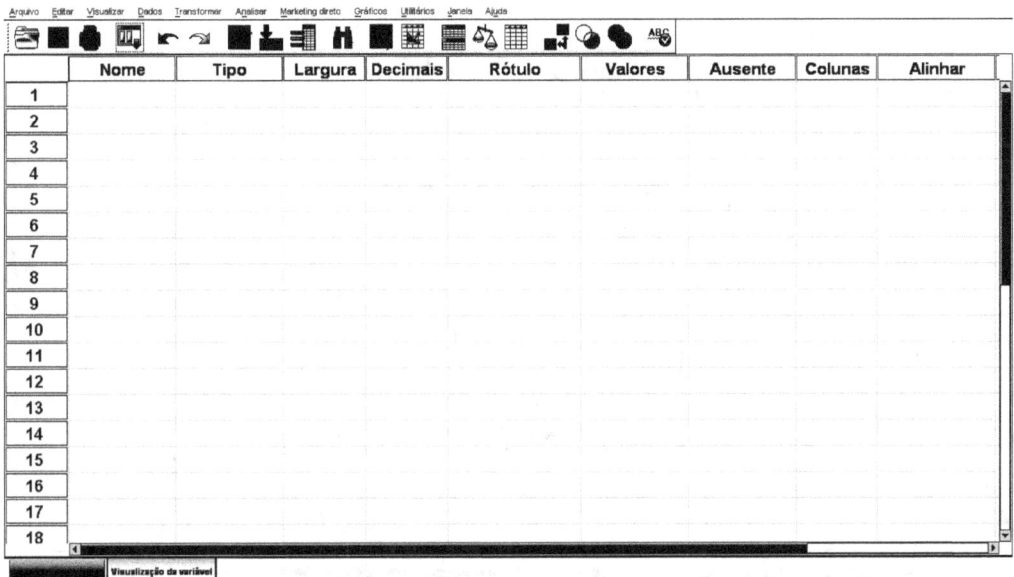

Figura 5 – Modo do **Editor de dados** para definição de variáveis.

A definição de cada variável implica:
- **Nome** - Nome da variável (um máximo de 8 carateres, devendo o primeiro ser uma letra)
- **Tipo** - Tipo de variável (numérico, texto, data, etc.)
- **Largura** - Número total de carateres
- **Decimais** - Número de casas decimais
- **Rótulo** - Rótulo para descrever mais detalhadamente a variável
- **Valores** - Valor atribuído a cada nível codificado da variável
- **Ausente** - Valor atribuído aos valores omissos
- **Colunas** - Valor a atribuir à largura da coluna
- **Alinhar** - Alinhamento dos dados na coluna
- **Medir** - Tipo de escala da variável
- **Função** - Função da variável

Exemplo de definição de variáveis:

- Em **Visualização da variável,** na 1ª linha da coluna **Nome** escreve-se, por exemplo, o **"Nome"**. Em **Tipo**, clicando do lado direito da respetiva célula, aparece uma caixa de diálogo:

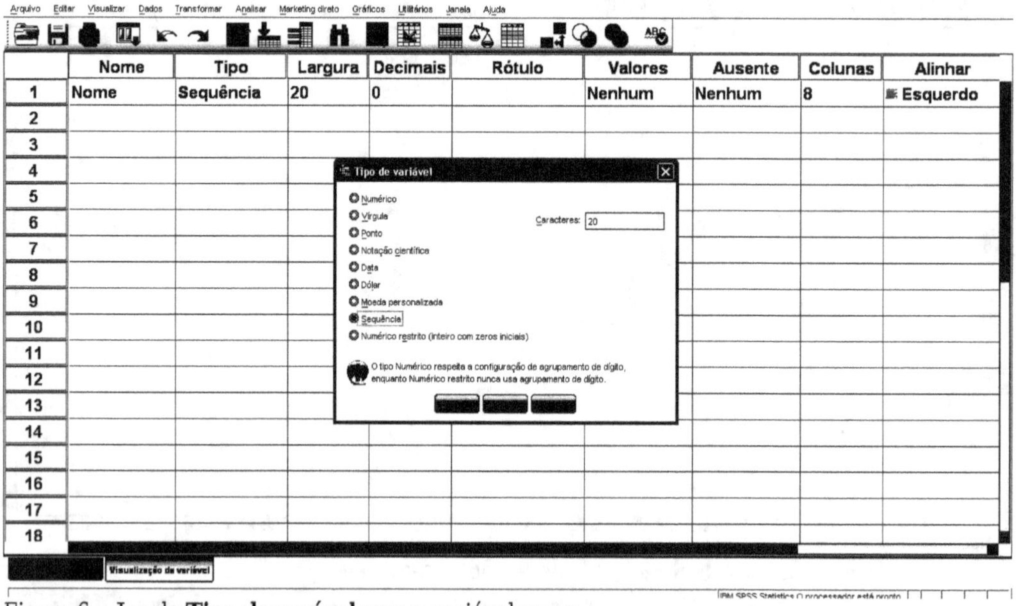

Figura 6 – Janela **Tipo de varável** para a variável nome.

– Seleciona-se **Sequência**, porque a variável é de tipo alfanumérico, e atribui-se-lhe, por exemplo, 20 carateres. Clica-se em **OK** para terminar a definição do tipo. A **Largura** assumiu o valor de 20 que se escreveu em **Carateres**. Em **Rótulo,** escreve-se, por exemplo, "Nome do inquirido". Os outros parâmetros assumem valores por defeito.

– Na linha 2 da coluna **Nome**, vamos agora escrever **Sexo**. Como essa variável vai ser codificada, em **Tipo** aceita-se que fique **numérico**. Em **Decimais** escreve-se 0 e em **Largura** digita-se 1. Em **Rótulo** escreve-se "Género do inquirido". Em **Valores** codificam-se as categrias 1 "masculino"; 2 "feminino".

–

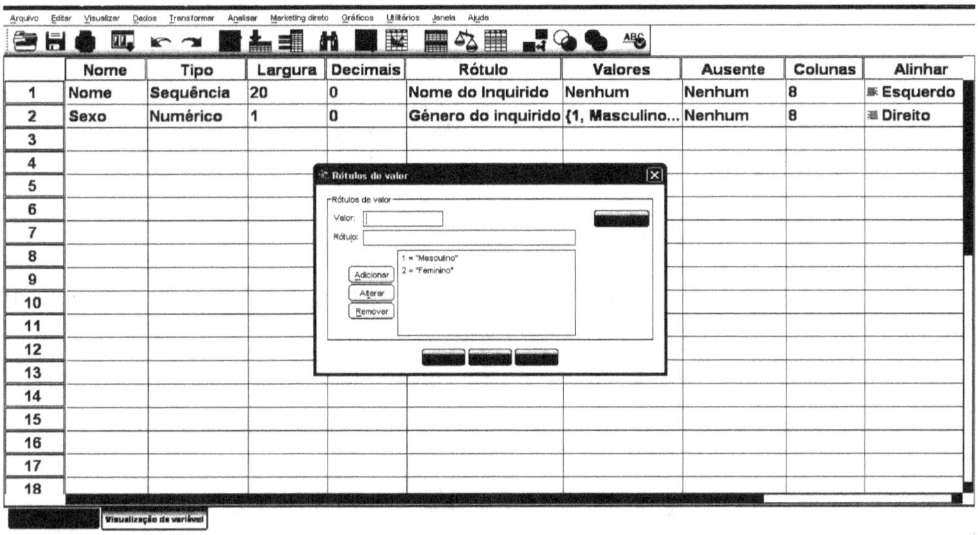

Figura 7 – Janela **Rótulos de valor** para definição das categorias.

Como se pode dar a circunstância de alguns inquiridos não indicarem o respetivo género, em **Ausente** atribui-se, por exemplo, o código **0** para   prevenir indicar os valores omissos, clicando no botão direito da respetiva célula, selecionando **Valores ausentes discretos,**   digitando **0** na 1ª célula e clicando **OK**.

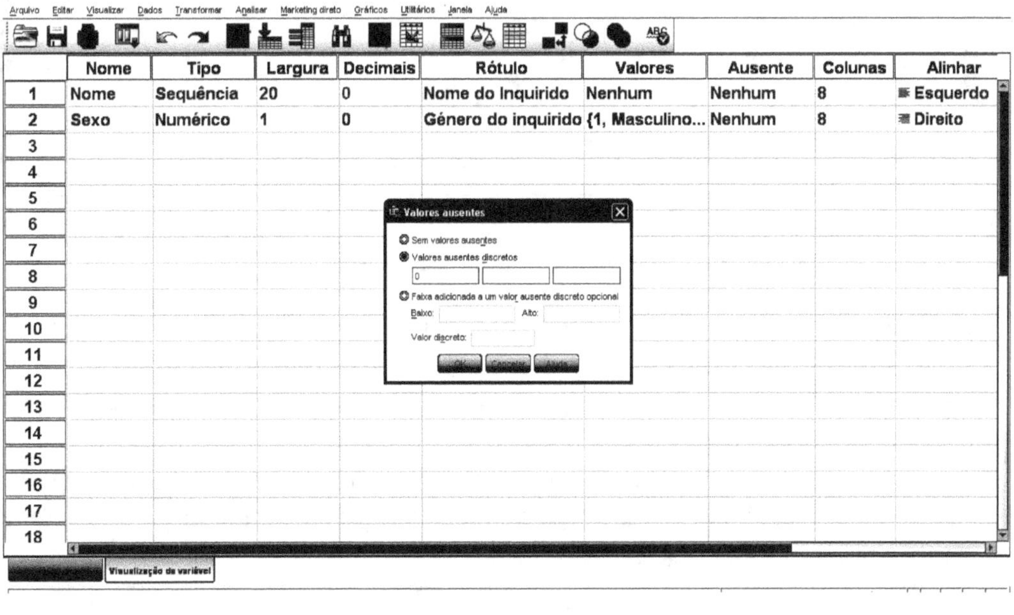

Figura 8 – Janela de valores **Ausentes** para indicação dos casos omissos.

Neste momento, a janela de definição de variáveis deverá apresentar o seguinte aspeto:

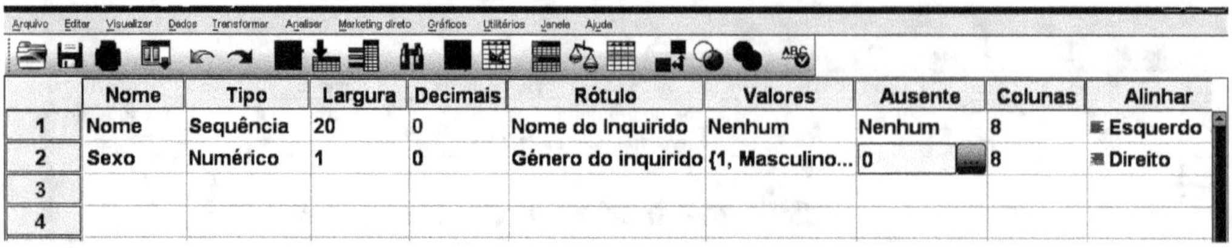

	Nome	Tipo	Largura	Decimais	Rótulo	Valores	Ausente	Colunas	Alinhar
1	Nome	Sequência	20	0	Nome do Inquirido	Nenhum	Nenhum	8	▥ Esquerdo
2	Sexo	Numérico	1	0	Género do inquirido	{1, Masculino...	0	8	▥ Direito
3									
4									

Figura 9 – Janela **Visualização da variável**, com as duas variáveis definidas.

Para a definição das demais variáveis seguem-se os passos idênticos. Terminada essa tarefa, clica-se em **Visualização de dados** para registar os dados. Aparecerá a janela da **Visualização de dados** com os nomes das variáveis antes definidas, com o seguinte aspeto:

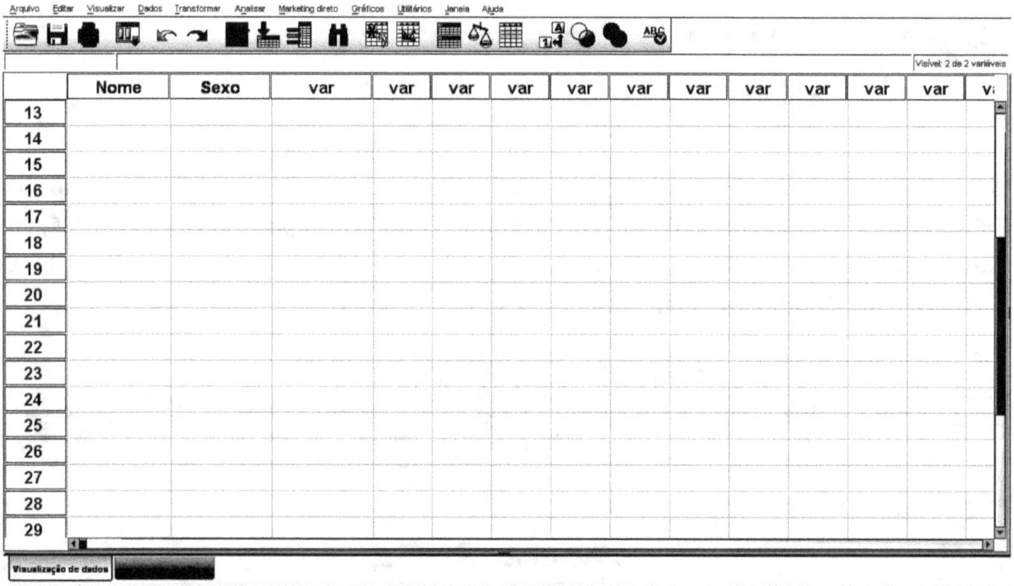

Figura 10 – Janela de **Visulização de dados**, com as duas variáveis definidas.

Neste momento, já se podem registar os dados, os valores de cada caso em cada linha e de cada variável na respetiva célula de cada coluna. Para passar de uma célula para a seguinte, pode-se utilizar a tecla **[TAB]** ou a tecla de cursor [→].

No exemplo que vamos utilizar, a partir do registo dos dados de um inquérito que todos os anos costumo fazer aos alunos, de diversos cursos, o aspeto da **Visualização de dados** ficaria assim:

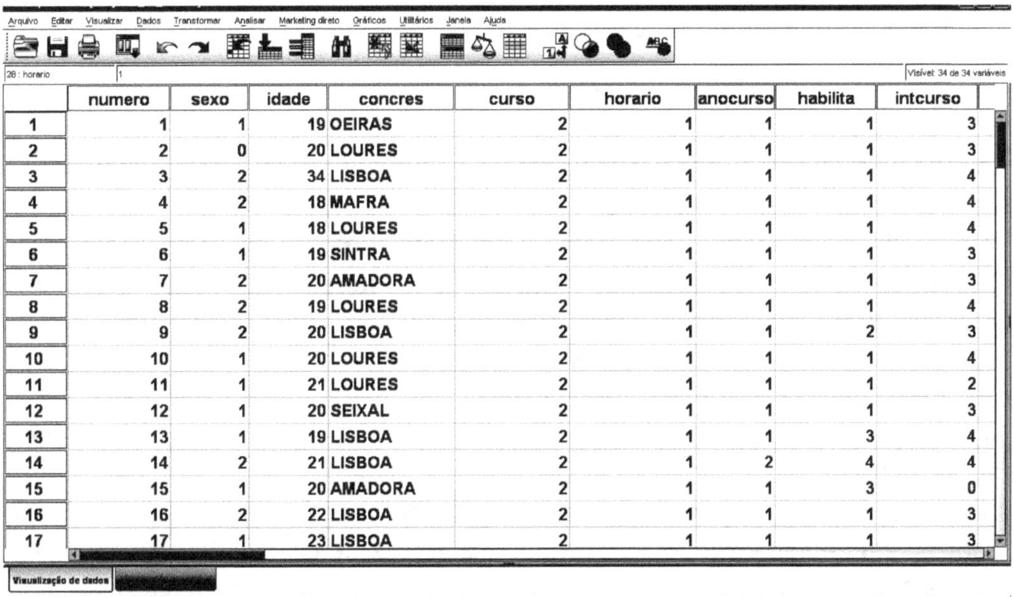

Figura 11– Janela **Visualização de dados**, com parte do ficheiro de dados.

O ficheiro criado deve ser guardado. Para isso, clica-se em **Arquivo > Salvar como**. Na caixa de diálogo, seleciona-se a diretoria, por exemplo **informática** em **Salvar em**, e escreve-se o nome do ficheiro à frente de **Nome do arquivo**, assumindo ele, por defeito, a extensão **sav** em **Salvar como tipo**.

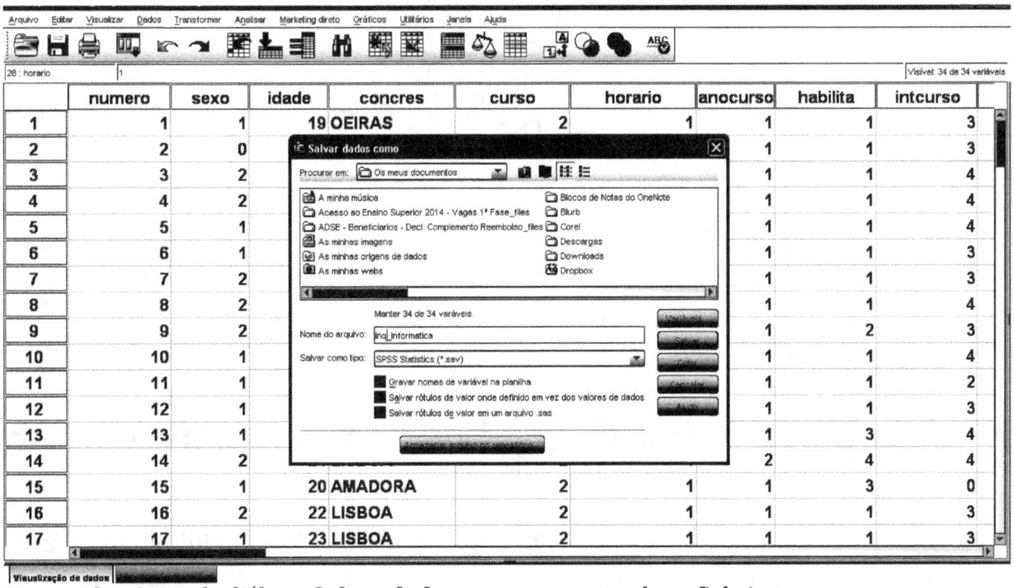

Figura 12 – Caixa de diálogo **Salvar dados como**, para guardar o ficheiro.

6 - TRANSFORMAÇÃO DE VARIÁVEIS

6.1 - Criação de Novas Variáveis

Com o **SPSS** pode-se criar novas variáveis a partir das já existentes. Para isso, na barra de menus, clica-se **Transformar > Calcular variável**. O que leva à abertura da caixa de diálogo **Calcular variável**. Aqui, em **Variável de destino,** escreve-se o nome da variável a criar. E, em **Expressão numérica,** escreve-se a expressão para cálculo do resultado da nova variável. Podem-se usar todas as operações e funções referenciadas na referida caixa.

Vamos, por exemplo, calcular, a partir da variável **idade**, do ficheiro **inq_informatica**, o ano de nascimento de cada inquirido. Para isso, depois de se clicar em **Transformar > Calcular variável** e aparecer a respetiva caixa, escreve-se o nome da variável de destino e a expressão de cálculo correspondente, que pode ser escolhida da lista de funções, como se ilustra na seguinte figura:

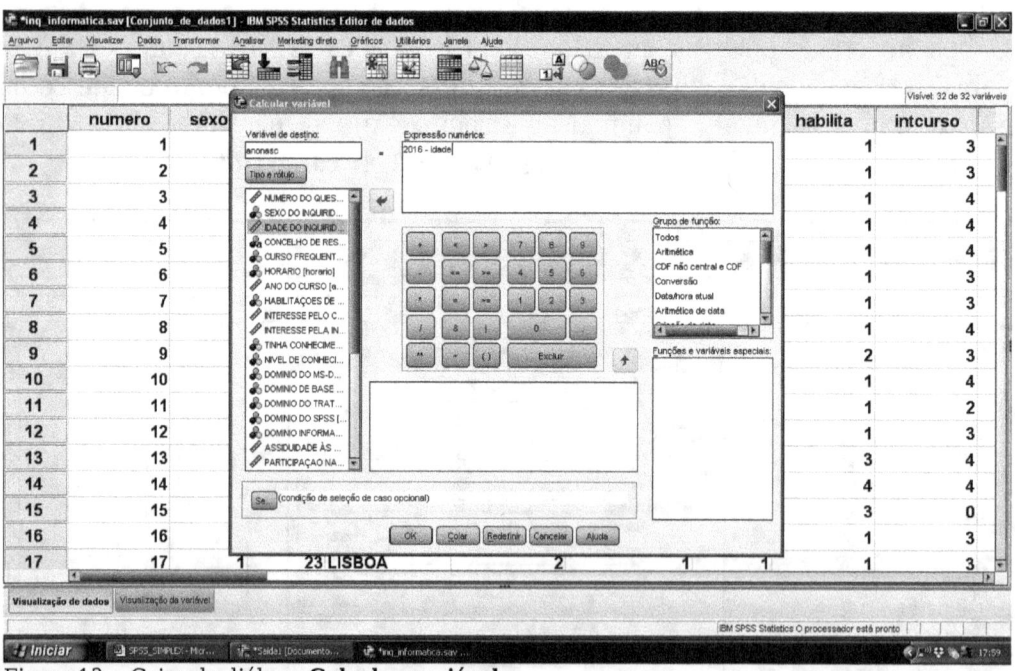

Figura 13 – Caixa de diálogo **Calcular variável.**

Premindo o botão **Se** pode-se estabelecer uma condição para o número de casos a calcular.

Clicando em **OK**, é criada a nova variável **anonasc**, a qual é colocada na última coluna das variáveis, como se pode ver:

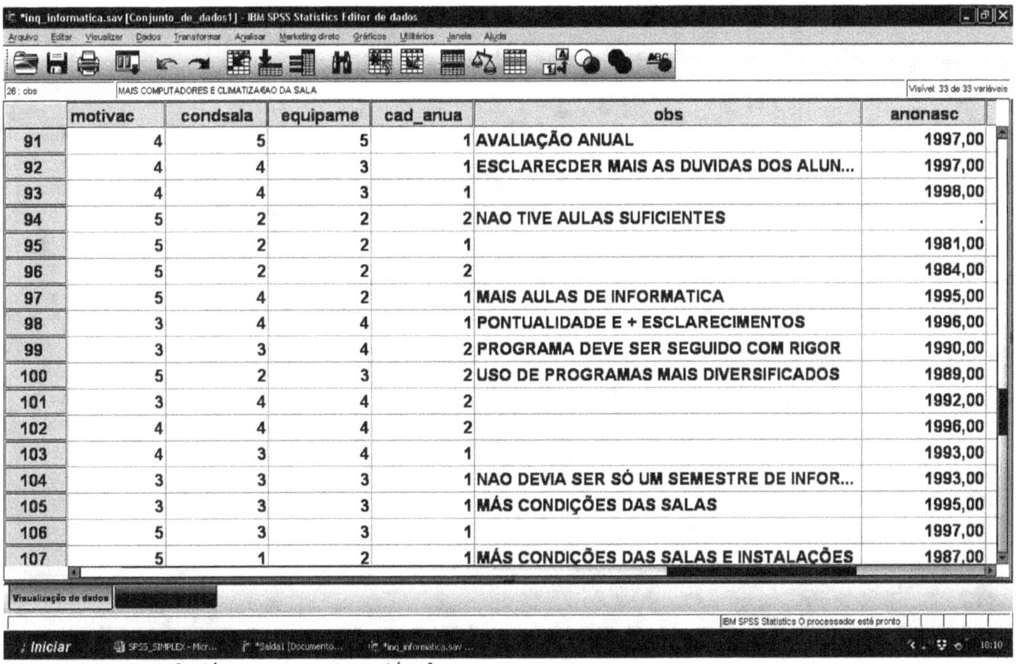

	motivac	condsala	equipame	cad_anua	obs	anonasc
91	4	5	5	1	AVALIAÇÃO ANUAL	1997,00
92	4	4	3	1	ESCLARECDER MAIS AS DUVIDAS DOS ALUN...	1997,00
93	4	4	3	1		1998,00
94	5	2	2	2	NAO TIVE AULAS SUFICIENTES	.
95	5	2	2	1		1981,00
96	5	2	2	2		1984,00
97	5	4	2	1	MAIS AULAS DE INFORMATICA	1995,00
98	3	4	4	1	PONTUALIDADE E + ESCLARECIMENTOS	1996,00
99	3	3	4	2	PROGRAMA DEVE SER SEGUIDO COM RIGOR	1990,00
100	5	2	3	2	USO DE PROGRAMAS MAIS DIVERSIFICADOS	1989,00
101	3	4	4	2		1992,00
102	4	4	4	2		1996,00
103	4	3	4	1		1993,00
104	3	3	3	1	NAO DEVIA SER SÓ UM SEMESTRE DE INFOR...	1993,00
105	3	3	3	1	MÁS CONDIÇÕES DAS SALAS	1995,00
106	5	3	3	1		1997,00
107	5	1	2	1	MÁS CONDIÇÕES DAS SALAS E INSTALAÇÕES	1987,00

Figura 14 – Janela já com a nova variável **anonasc.**

Em **Visualização da variável** pode-se, agora, definir essa nova variável, tal como se fez com as outras.

6.2 - Recodificação de variáveis

Além da criação de novas variáveis a partir das já existentes, o **SPSS** permite também a recodificação das variáveis, na mesma variável ou noutras diferentes.

Vamos, neste caso, recodificar a variável **idade** numa outra variável de **Grupos Etários**. Para isso, na barra de menus clica-se: **Transformar > Recodificar em variáveis diferentes.**

Seleciona-se a variável que se pretende recodificar (neste caso, **idade**), atribui-se um nome em **Variável de saída (grupet),** um **Rótulo** (**GRUPOS ETÁRIOS**) e clica-se em **Alterar**. Se se pretender estabelecer alguma condição carrega-se no botão **Se** para iniciar o processo.

Figura 15 – Caixa de diálogo de **Recodificar em variáveis diferentes.**

A partir daqui, prime-se o botão **Antigo e novos valores** para entrar na recodificação pretendida. No caso, vamos recodificar a variável **idade** em três **grupos etários**: 1 - até 19 Anos; 2 - 20-29 anos; 3 - 30 e mais anos.

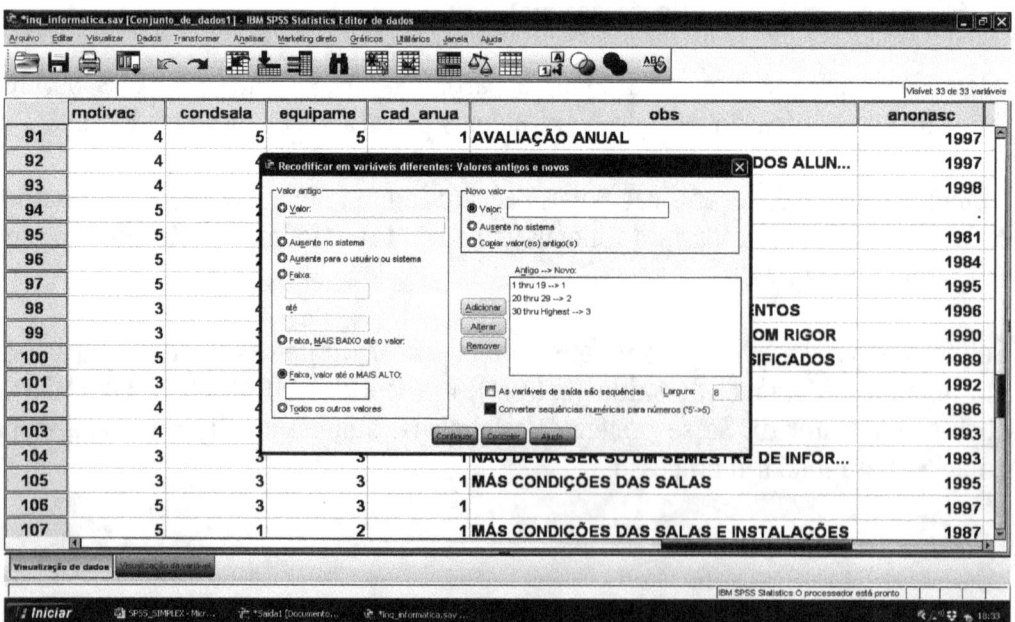

Figura 16 – Caixa de diálogo de **Antigo e novos valores.**

Nesta caixa, em **Faixa** estabelecem-se os grupos pretendidos, um de cada vez, atribuindo-se a cada um o respetivo número na caixa **Valor**.

Pressiona-se **Continuar** e conclui-se o processo com **OK**. Está criada a variável **grupet**, que passa a ocupar a última posição no ficheiro de dados, devendo, depois, ser completada a sua definição em **Visualização da variável.**

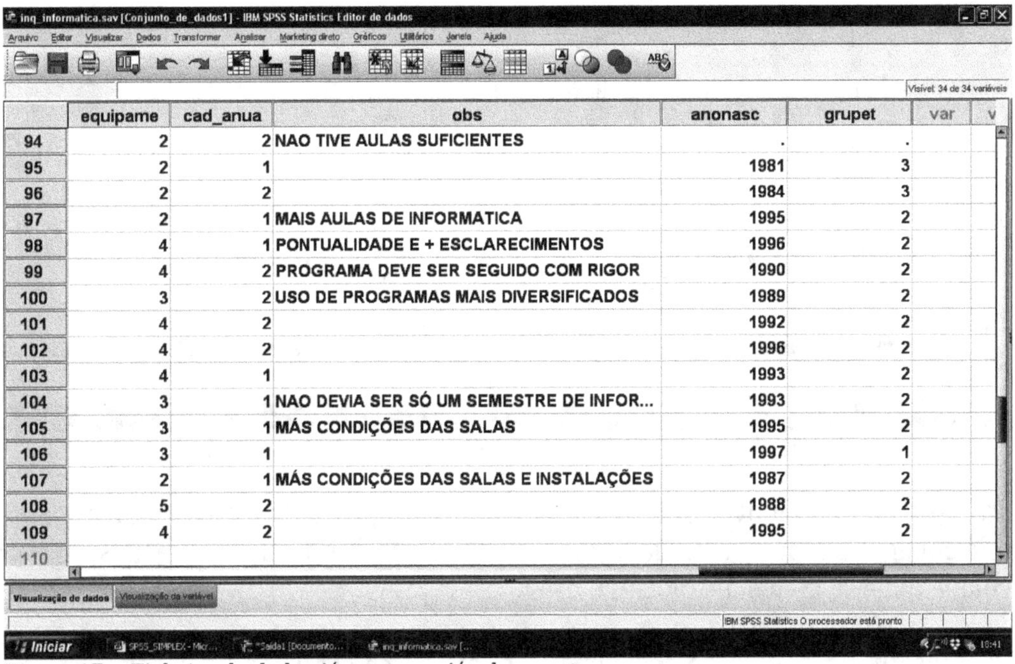

	equipame	cad_anua	obs	anonasc	grupet	var
94	2	2	NAO TIVE AULAS SUFICIENTES	.	.	
95	2	1		1981	3	
96	2	2		1984	3	
97	2	1	MAIS AULAS DE INFORMATICA	1995	2	
98	4	1	PONTUALIDADE E + ESCLARECIMENTOS	1996	2	
99	4	2	PROGRAMA DEVE SER SEGUIDO COM RIGOR	1990	2	
100	3	2	USO DE PROGRAMAS MAIS DIVERSIFICADOS	1989	2	
101	4	2		1992	2	
102	4	2		1996	2	
103	4	1		1993	2	
104	3	1	NAO DEVIA SER SÓ UM SEMESTRE DE INFOR...	1993	2	
105	3	1	MÁS CONDIÇÕES DAS SALAS	1995	2	
106	3	1		1997	1	
107	2	1	MÁS CONDIÇÕES DAS SALAS E INSTALAÇÕES	1987	2	
108	5	2		1988	2	
109	4	2		1995	2	
110						

Figura 17 – Ficheiro de dados já com a variável **grupet.**

O **SPSS** pode também recodificar automaticamente variáveis alfanuméricas (do tipo **Sequência**) em numéricas. Para isso, **Transformar > Recodificação automática**, variável, **Novo nome > Adicionar novo nome > OK**. A recodificação faz-se por ordem alfabética crescente ou decrescente.

6.3 - Inserir e deslocar Variáveis e/ou Casos

Para inserir uma nova variável, seleciona-se uma coluna à direita da qual se pretende inserir a variável e, na barra de menus, clica-se **Editar > Inserir variável**. Aparecerá, então, uma coluna destinada à nova variável.

Para mudar uma variável existente para esse local, seleciona-se a respetiva variável com um simples clic sobre o seu nome, clica-se em **Editar > Cortar**. Coloca-se o rato sobre o nome da nova variável antes criada e prime-se **Editar > Colar**. A variável passará a ocupar o novo lugar, como se pode ver que aconteceu com as variáveis **anonasc** e **grupet**:

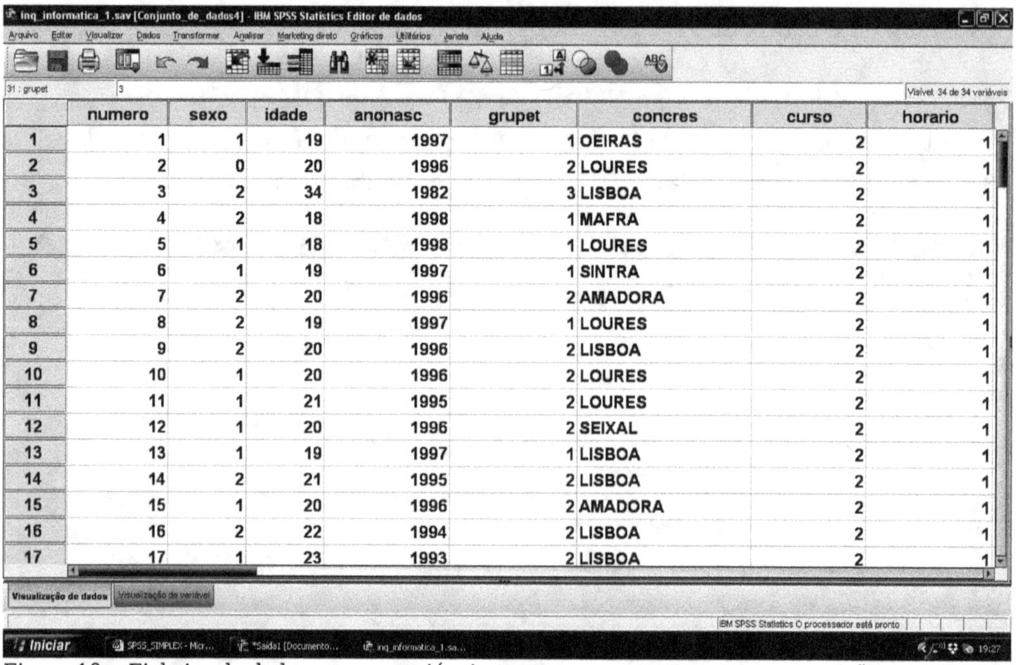

	numero	sexo	idade	anonasc	grupet	concres	curso	horario
1	1	1	19	1997	1	OEIRAS	2	1
2	2	0	20	1996	2	LOURES	2	1
3	3	2	34	1982	3	LISBOA	2	1
4	4	2	18	1998	1	MAFRA	2	1
5	5	1	18	1998	1	LOURES	2	1
6	6	1	19	1997	1	SINTRA	2	1
7	7	2	20	1996	2	AMADORA	2	1
8	8	2	19	1997	1	LOURES	2	1
9	9	2	20	1996	2	LISBOA	2	1
10	10	1	20	1996	2	LOURES	2	1
11	11	1	21	1995	2	LOURES	2	1
12	12	1	20	1996	2	SEIXAL	2	1
13	13	1	19	1997	1	LISBOA	2	1
14	14	2	21	1995	2	LISBOA	2	1
15	15	1	20	1996	2	AMADORA	2	1
16	16	2	22	1994	2	LISBOA	2	1
17	17	1	23	1993	2	LISBOA	2	1

Figura 18 – Ficheiro de dados com as variáveis **anonasc** e **grupet**, em nova posição.

Também se pode mover a variável, dando um clique na respetiva coluna, para a selecionar, e, depois, carrega-se no botão esquerdo do rato e arrasta-se para a coluna onde se pretende colocá-la.

Para inserir um novo **caso** posiciona-se o rato numa célula da linha acima da qual se deseja inserir e na barra de menus escolhe-se **Editar > Inserir Casos**.

6.4 - Ordenação dos Casos

Os **casos** de um ficheiro podem ser ordenados por ordem crescente ou decrescente dos valores de uma variável, segundo critérios pretendidos. Para isso, na barra de menus selecciona-se

Dados > Classificar casos
Selecionar a variável a ordenar para a caixa **"Classificar por"**
Clicar no botão "Crescente" ou "Decrescente, na "Ordem de classificação" **> OK**

Para exemplificar, vamos ordenar o nosso ficheiro, anteriormente gravado com o nome **inq_informática_1**, por ordem crescente da variável **Concelho de Residência**:

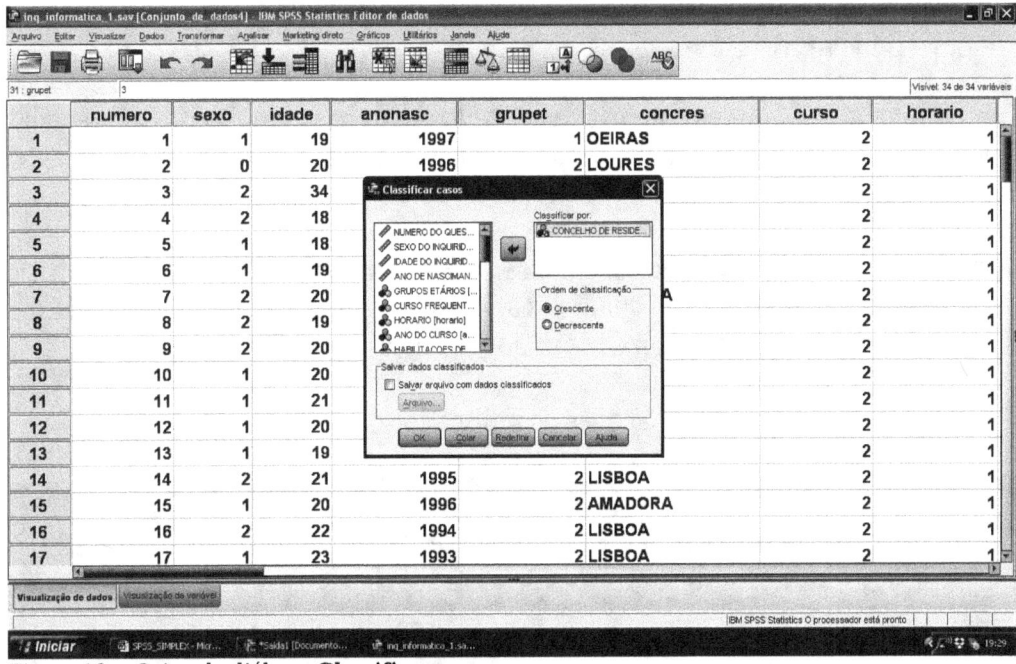

Figura 19 – Caixa de diálogo **Classificar casos.**

Clicando **OK**, para conclusão do processo, obtém-se como resultado:

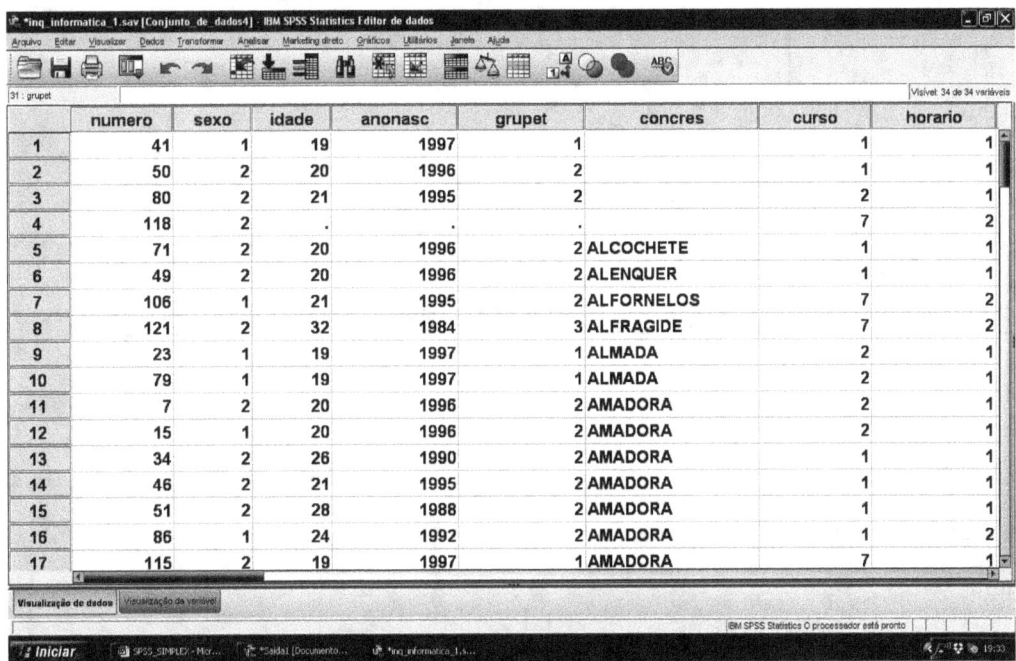

Figura 20 – Ficheiro por ordem ascendente do **Concelho de Residência.**

6.5 - Seleção de Casos

Por defeito, o **SPSS** apresenta, para análise, todos os casos registados. No entanto, pode-se fazer incidir a análise sobre apenas alguns dos casos constantes do ficheiro de dados, de acordo com critérios específicos.

Para isso, **Dados > Selecionar Casos > Se condição for cumprida > Se**. Seleciona-se a variável a condicionar, carrega-se na seta para a direita, estabelece-se a condição na caixa de diálogo e clica-se em **Continuar > Ok**.

Por exemplo, para selecionar apenas os indivíduos de sexo masculino:

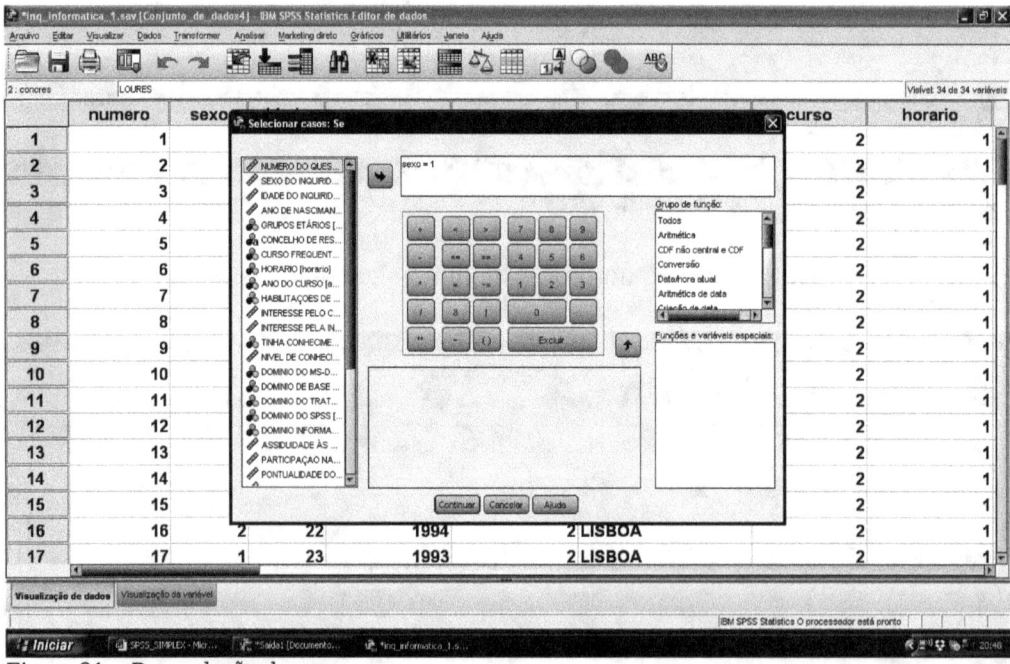

Figura 21 – Para seleção de casos.

Obtém-se como resultado que todos os casos que não obedeçam à condição estabelecida ficam "trancados", como se pode ver na barra lateral esquerda da janela:

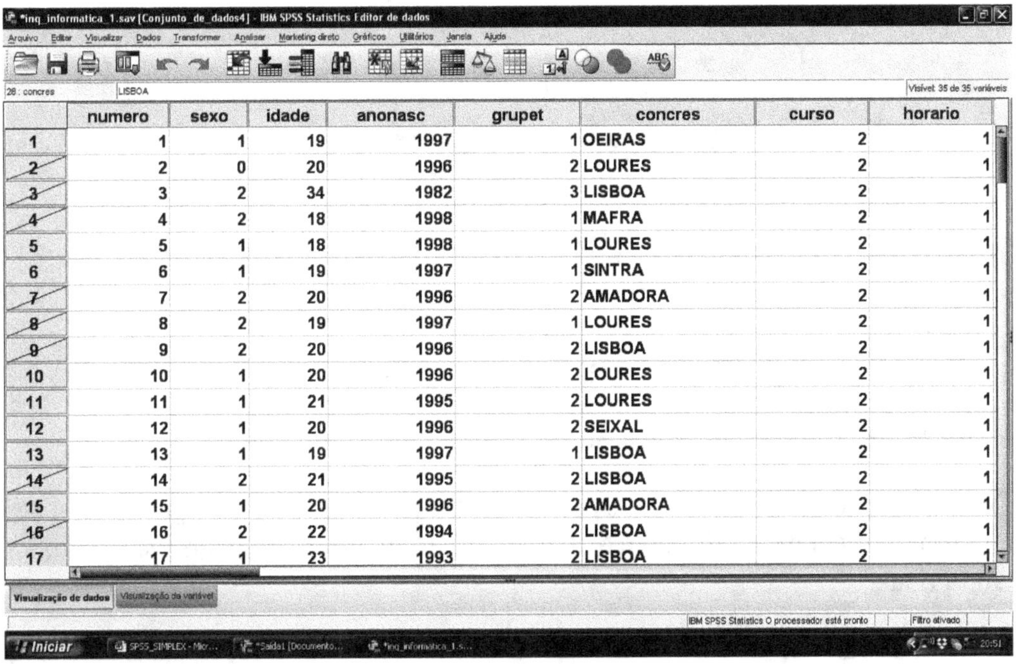

	numero	sexo	idade	anonasc	grupet	concres	curso	horario
1	1	1	19	1997	1	OEIRAS	2	1
2	2	0	20	1996	2	LOURES	2	1
3	3	2	34	1982	3	LISBOA	2	1
4	4	2	18	1998	1	MAFRA	2	1
5	5	1	18	1998	1	LOURES	2	1
6	6	1	19	1997	1	SINTRA	2	1
7	7	2	20	1996	2	AMADORA	2	1
8	8	2	19	1997	1	LOURES	2	1
9	9	2	20	1996	2	LISBOA	2	1
10	10	1	20	1996	2	LOURES	2	1
11	11	1	21	1995	2	LOURES	2	1
12	12	1	20	1996	2	SEIXAL	2	1
13	13	1	19	1997	1	LISBOA	2	1
14	14	2	21	1995	2	LISBOA	2	1
15	15	1	20	1996	2	AMADORA	2	1
16	16	2	22	1994	2	LISBOA	2	1
17	17	1	23	1993	2	LISBOA	2	1

Figura 22 – Casos selecionados.

7 - CÁLCULO DE ESTATÍSTICAS DESCRITIVAS

Uma vez criado o ficheiro de dados, pode-se, agora, passar à produção de estatísticas. Vamos começar pelas estatísticas descritivas, as mais usuais numa análise sumária dos dados, nomeadamente as frequências, as médias, os limites de confiança, a mediana, a moda, o desvio padrão, a variância, o intervalo interquartil, os percentis, a curtose, as medidas de assimetria, os coeficientes de correlação, etc.

7.1 - Cálculo de Frequências

Começaremos pelo procedimento mais simples, o cálculo das frequências. Para isso, na barra de menus, escolhe-se **Analisar > Estatísticas descritivas > Frequências**.

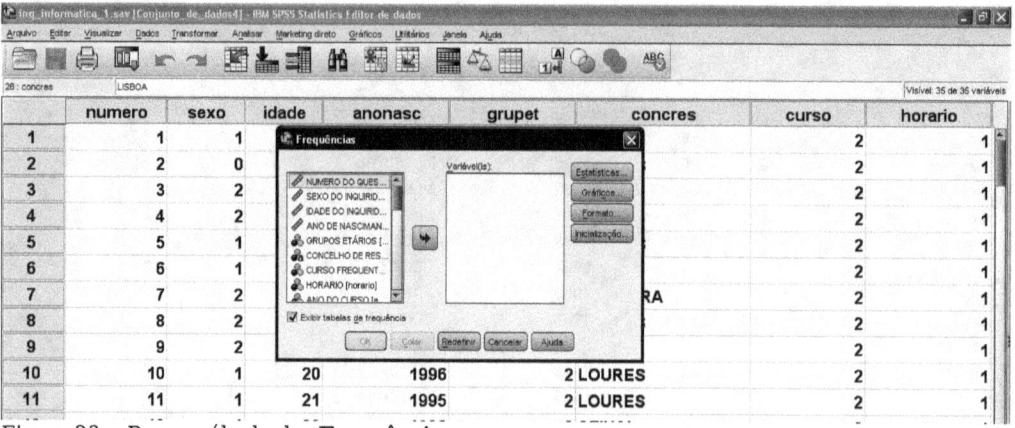

Figura 23 – Para o cálculo das **Frequências.**

Na caixa de diálogo que aparece, seleccionam-se as variáveis para análise clicando na seta para a direita e enviando as variáveis selecionadas para a caixa apropriada.

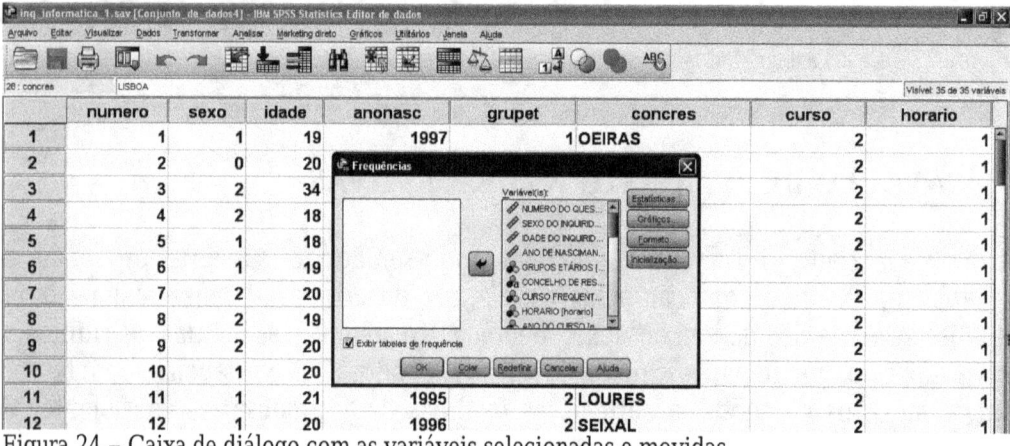

Figura 24 – Caixa de diálogo com as variáveis selecionadas e movidas.

As variáveis podem ser selecionadas e movidas uma a uma ou todas de uma só vez.

Como se vai proceder a uma simples listagem das frequências, esta operação pode-se aplicar a todas as variáveis, pelo que foram todas selecionadas.

Clicando em **OK**, concluem-se os comandos e é só esperar pelos resultados que irão aparecer numa janela de **Saída – IBM SPSS Statistics Visualizador.**

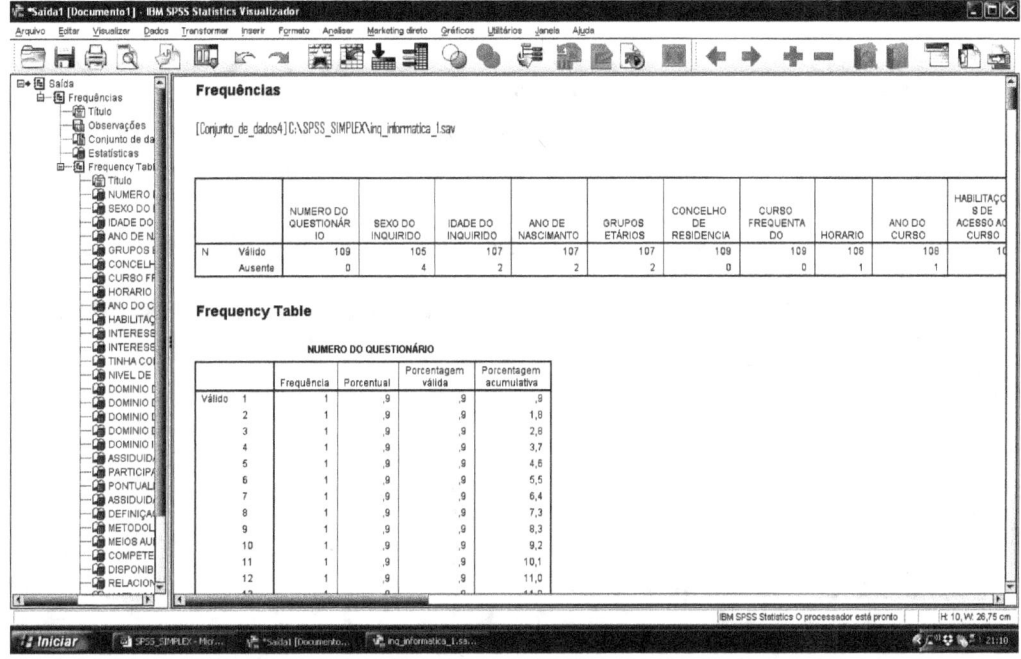

Figura 25 – Janela **Saída – IBM SPSS Statistics Visualizador**, com as frequências.

Como se pode ver, na caixa da esquerda aparece a listagem das variáveis analisadas e, na caixa da direita, encontra-se o resultado da operação: **Frequências** e **Frequency Table**.

Na **Tabela de Frequências** aparece, para cada variável, a informação das respetivas categorias, **frequências**, **percentagens**, **percentagens válidas** e **percentagens acumuladas**. A diferença entre as **percentagens** e as **percentagens válidas** está no facto de estas não incluírem a contagem dos valores omissos (**Ausente**) quando existirem na respetiva variável.

Estes resultados podem ser impressos (clicando no ícone da impressora ou em **Arquivo > Imprimir**) ou gravados, como qualquer outro ficheiro. Neste caso, o SPSS acrescenta automaticamente a extensão **.spv** ao nome do ficheiro. Neste caso ficará **inq_informatica_1.spv**, para se distinguir do ficheiro de dados **inq_informatica_1.sav**.

7.2 - Outras Estatísticas Descritivas

O cálculo das frequências pode ser acompanhado de outras estatísticas descritivas. Para isso, na barra de comandos (do **IBM Statistical Editor de dados** ou do **IBM SPSS Statistics Visualizador**) escolhe-se **Analisar > Estatísticas descritivas > Descritivos**.

Atenção que, agora, já não se podem selecionar todas as variáveis mas apenas aquelas não forem alfanuméricas nem estiverem numa escala nominal, isto é, só as variáveis que são susceptíveis de cálculos como a média, desvio-padrão, etc., e não apenas de uma simples contagem, como a que é dada pela frequência.

Selecionam-se, então, as variáveis que obedecem às caraterísticas requeridas.

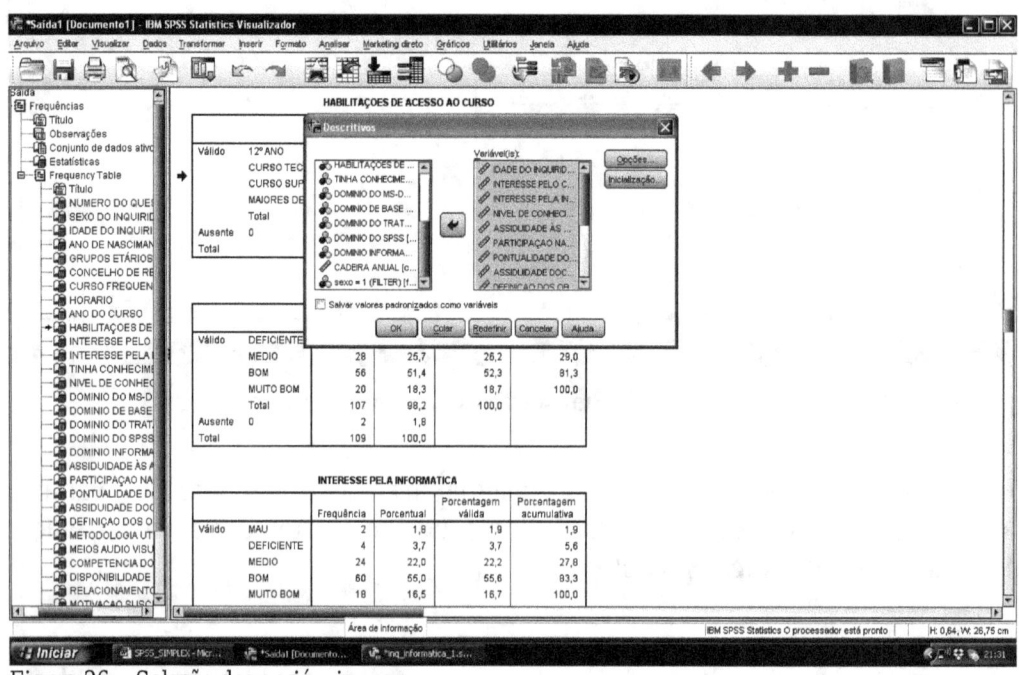

Figura 26 – Seleção das variáveis.

Clicando, agora, no botão **Opções**, da Caixa de Diálogo aberta, aparecem várias opções para selecionar. Vamos escolher apenas **Média** e **Desvio padrão**. Mas podem-se escolher outros parâmetros. Por defeito, o programa sugere: **Média, Desvio padrão, Variância, Mínimo** e **Máximo**.

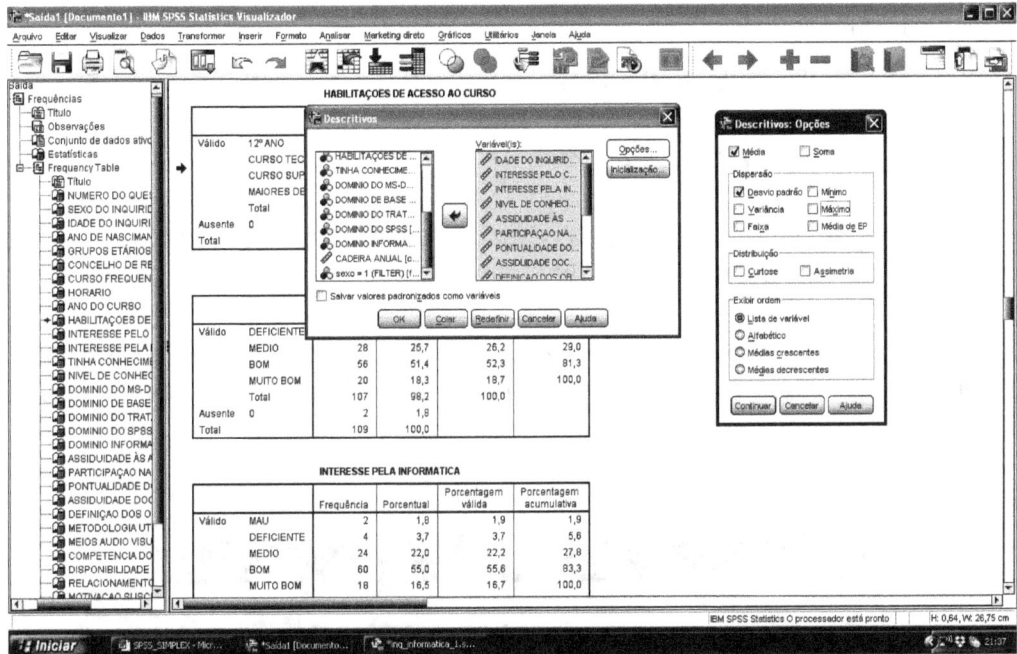

Figura 27 – Seleção das opções estatísticas.

Para concluir o processo, clica-se em **Continuar**, o que leva a fechar a Caixa em que se está, e **OK**, aguardando-se a produção das estatísticas pretendidas.

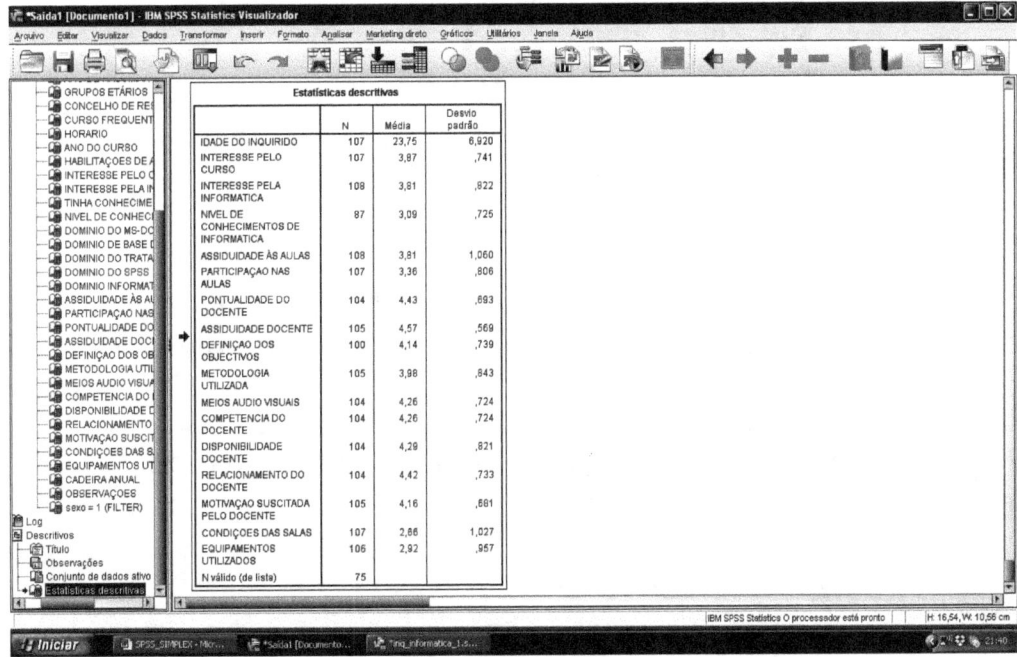

Figura 28 – Resultado das estatísticas descritivas calculadas.

Repare-se que as estatísticas acabadas de produzir foram acrescentadas às já existentes, no ficheiro de resultados anterior.

7.3 - O Comando "Explorar"

Dentro do grupo das **Estatísticas Descritivas** encontra-se ainda o comando **Explorar**, também aplicado a variáveis numéricas não nominais.

Para executar este procedimento clica-se **Analisar > Estatísticas descritivas > Explorar**. Escolhe-se, depois, a(s) variáveis a analisar (**Lista dependente**) e, eventualmente, o critério de categorização dessa(s) variáveis (**Lista de fator**). Vamos exemplificar com a variável **Idade,** com separação de sexos:

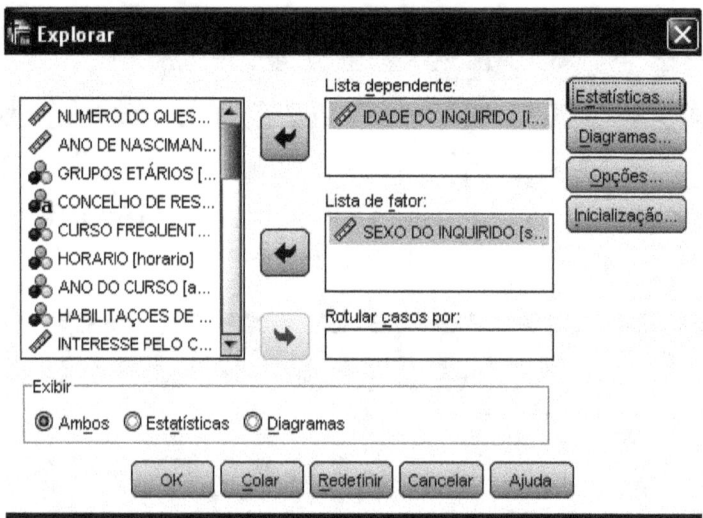

Figura 29 – Utilização do comando **Explorar.**

Na opção **Exibir** pode-se optar por **Statísticas**, **Diagramas** ou **Ambos**. Neste caso, vamos seleccionar **Ambos** para se obter estatísticas e gráficos.

Clicando no botão **Estatísticas**, pode-se selecionar algumas opções. Selecionamos **Descriptivos, Intervalo de confiança para a média 95%, Percentis.**

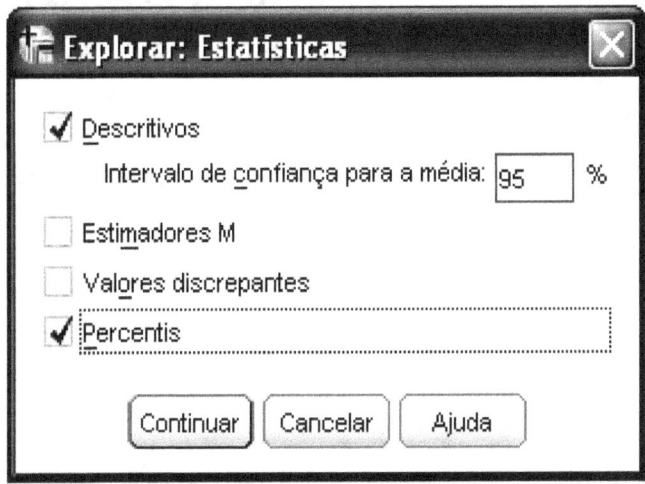

Figura 30 – Seleção do tipo de estatísticas.

Clica-se no botão **Continuar** para voltar à caixa anterior, onde se clica em **Diagramas** para selecionar o tipo de gráficos:

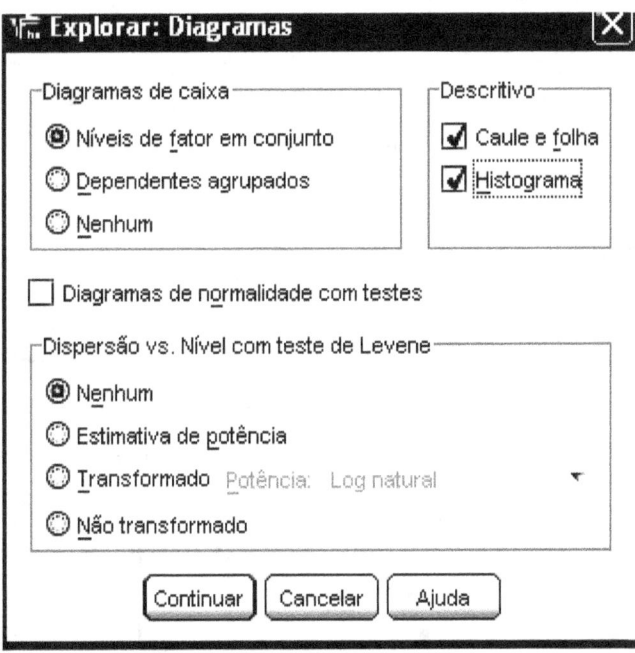

Figura 31 – Seleção do tipo de gráficos.

Com um clic em **Continuar** regressa-se à caixa anterior. E, para terminar o processo, na caixa **Explorar,** clica-se em **OK**. O resultado vai aparecer na janela do **Visualizador.**

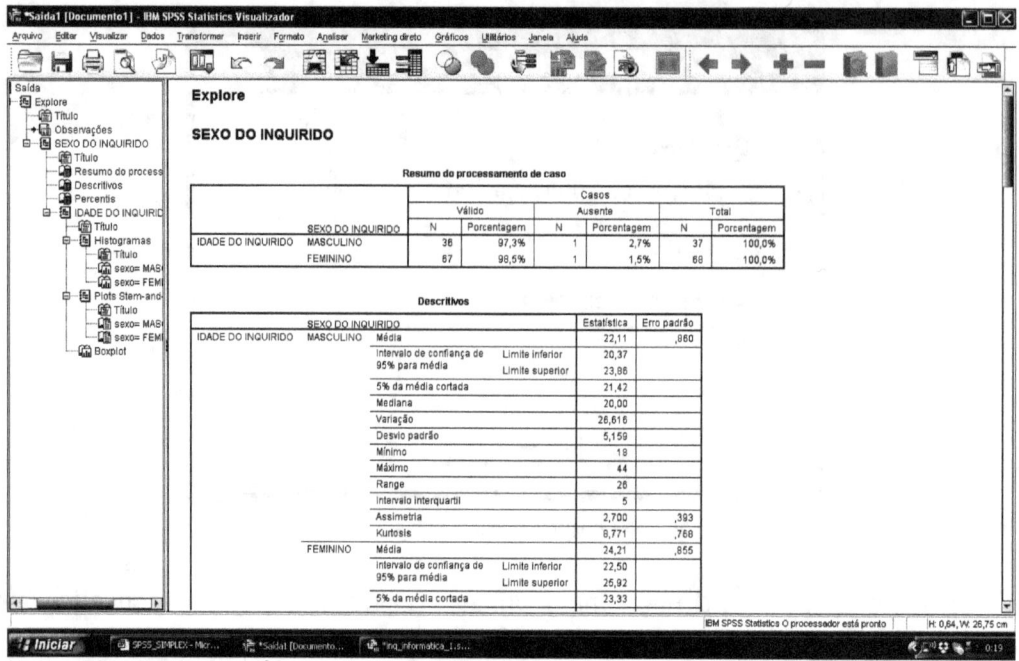

Figura 32 – Janela de **Saída** do comando **Explorar.**

Resultados do exercício com o comando **Explorar:**

Explore
SEXO DO INQUIRIDO

Resumo do processamento de caso

SEXO DO INQUIRIDO	Casos					
	Válidos		Ausentes		Total	
	N	Percen-tagem	N	Percen-tagem	N	Percen-tagem
MASCULINO	36	97,3%	1	2,7%	37	100,0%
FEMININO	67	98,5%	1	1,5%	68	100,0%

Figura 33 – Resultados do comando **Explorar.**

Descritivos

SEXO DOS INQUIRIDOS				Estatística	Erro padrão
IDADE DOS INQUIRIDOS	**MASCULINO**	Média		22,11	,860
		Intervalo de confiança de 95% para média	Limite inferior	20,37	
			Limite superior	23,86	
		5% da média cortada		21,42	
		Mediana		20,00	
		Variação		26,616	
		Desvio padrão		5,159	
		Mínimo		18	
		Máximo		44	
		Range		26	
		Intervalo interquartil		5	
		Assimetria		2,700	,393
		Kurtosis		8,771	,768
	FEMININO	Média		24,21	,855
		Intervalo de confiança de 95% para média	Limite inferior	22,50	
			Limite superior	25,92	
		5% da média cortada		23,33	
		Mediana		21,00	
		Variação		48,956	
		Desvio padrão		6,997	
		Mínimo		18	
		Máximo		50	
		Range		32	
		Intervalo interquartil		6	
		Assimetria		1,976	,293
		Kurtosis		3,885	,578

Figura 34 – Resultados do comando **Explorar.**

Percentis

SEXO DO INQUIRIDO			Percentis						
			5	10	25	50	75	90	95
Weighted Average (Definition 1)	IDADE DO INQUIRIDO	MASCULINO	18,00	19,00	19,00	20,00	23,75	30,30	33,80
		FEMININO	18,40	19,00	20,00	21,00	26,00	34,20	41,60
Tukey's Hinges	IDADE DO INQUIRIDO	MASCULINO			19,00	20,00	23,50		
		FEMININO			20,00	21,00	26,00		

Figura 35 – Resultados do comando **Explorar.**

IDADE DO INQUIRIDO
Histogramas

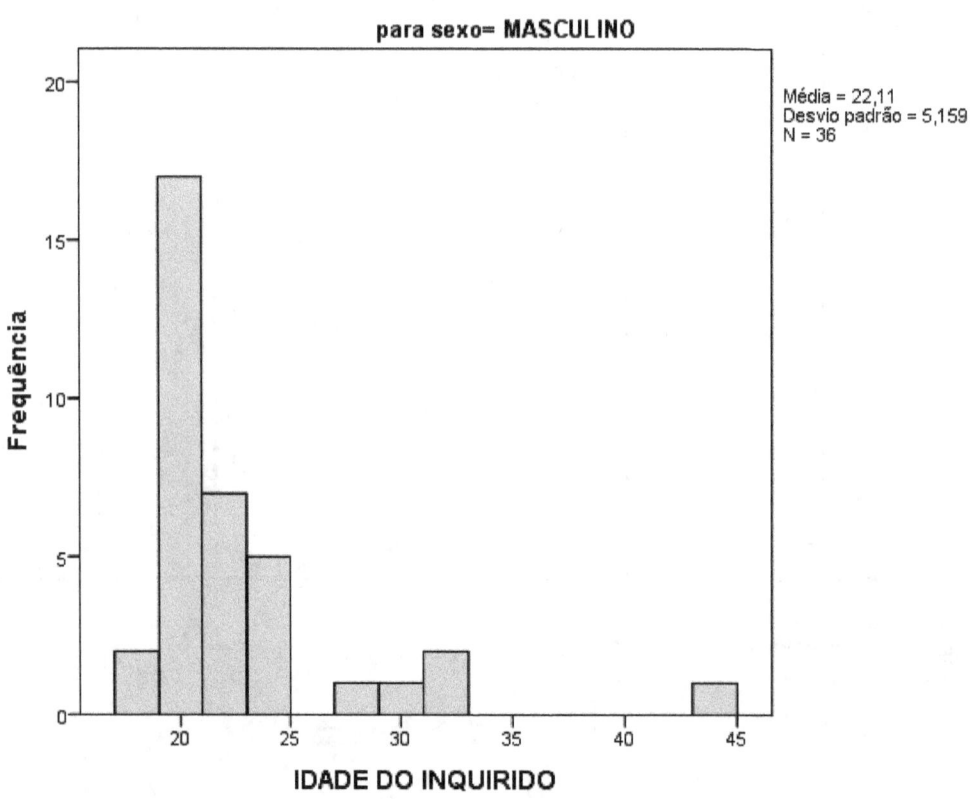

Figura 36 – Histograma produzido pelo comando **Explorar.**

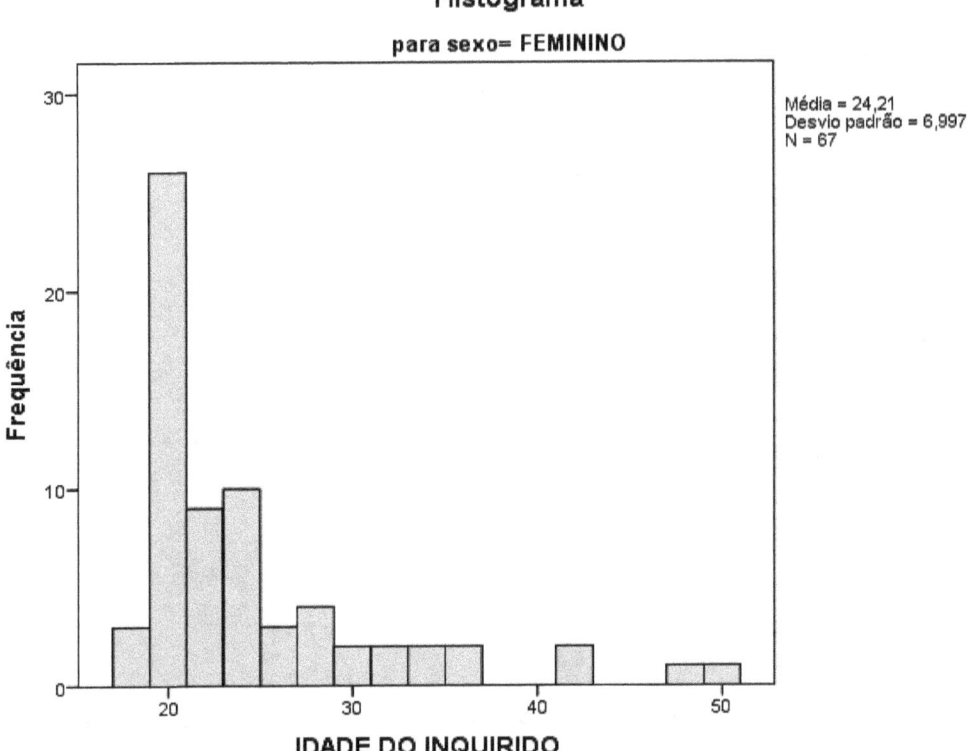

Histograma

para sexo= FEMININO

Média = 24,21
Desvio padrão = 6,997
N = 67

Figura 37 – Histograma produzido pelo comando **Explorar.**

Plots Stem-and-Leaf

IDADE DO INQUIRIDO Stem-and-Leaf Plot for
sexo= MASCULINO

Frequency   Stem & Leaf

  13,00   1 . 8899999999999
  18,00   2 . 000000111111234444
    1,00   2 . 7
    1,00   3 . 0
    3,00 Extremes   (>=31)

Stem width: 10
Each leaf: 1 case(s)

IDADE DO INQUIRIDO Stem-and-Leaf Plot for
sexo= FEMININO

Frequency   Stem & Leaf

   12,00   1 . 888999999999
   36,00   2 . 000000000000000000IIIII22223333334444
    8,00   2 . 56678889
    5,00   3 . 02244
    2,00   3 . 55
    4,00 Extremes   (>=41)

Stem width: 10
Each leaf: 1 case(s)

Figura 38 – Diagrama de **Steam-and-leaft** (caule e folhas) produzido pelo comando **Explorar.**

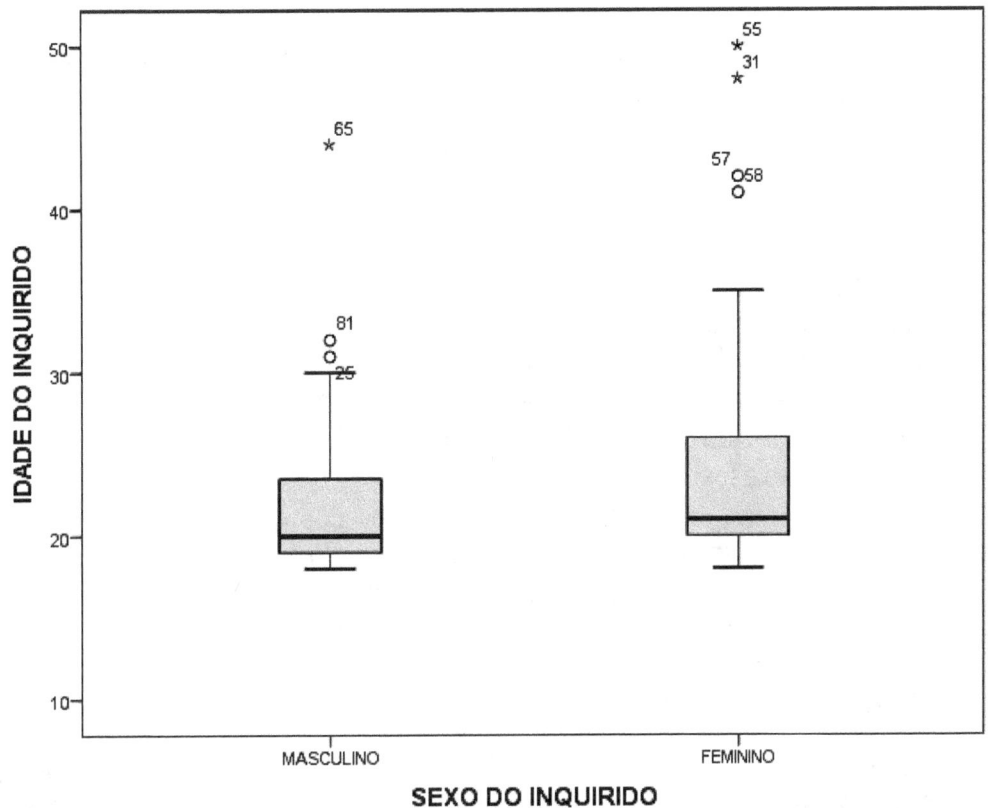

Figura 39 – Gráfico **Boxplot** (caixa de bigodes) produzido pelo comando **Explorar.**

Como se pode ver, com as opções feitas para a utilização do comando **Explorar**, obteve-se estatísticas descritivas, percentis, histogramas, diagramas **Steam-and-leaf** (caule e folhas) e um gráfico do tipo **Boxplot** (caixa de bigodes).

No diagrama de "caule e folhas" o cumprimento de cada linha representa as observações individuais e a sua frequência. Cada valor é representado por duas componentes: o caule e a folha.

Neste caso, relativamente ao sexo masculino, por exemplo, o comprimento da primeira linha corresponde às idades de 18 e 19 anos, com o caule 1 e as respetivas folhas de 8 e 9, com a informação de que há 13 frequências nessa situação. O que quer dizer, de acordo com o gráfico, que existem 2 indivíduos com 18 anos e 11 pessoas com 19 anos. Já na segunda linha tem-se a informação de que há 18 indivíduos com idades compreendidas entre os 20 e os 24 anos: 6 com 20 anos, 6 com 21 anos, 1 com 22 anos, 1 com 23 anos e 4 com 24 anos. E assim sucessivamente.

O **Stem Width: 10** indica o dígito das dezenas (neste caso 10) e a **Leaf: 1 case(s)** indica o dígito das unidades de cada observação (aqui 1).

Nas abas do gráfico ficam os **outliers**, designados por **extremos** e que, na situação em análise, são 3 casos com idade >= 31.

Já na "caixa de bigodes", o bigode inferior assinala a observação mínima de idade não aberrante. Neste caso, para os dois sexos é a idade de 18 anos, ao mesmo tempo que:
- O limite inferior da caixa corresponde ao primeiro quartil;
- O traço a meio da caixa representa a mediana;
- O limite superior da caixa corresponde ao terceiro quartil;
- O bigode superior representa a idade máxima não aberrante;
- Os valores superiores a este último bigode são dos **outliers,** com os números dos respetivos casos:
  - os valores atípicos (distanciados dos quartis 1,5 x a distância interquartis) estão assinalados com o símbolo ○;
  - os valores extremos (distanciados dos quartis 3 x a distância interquartis) são representados com o símbolo *.

7.4 - Cruzamento de Variáveis

Para produzir um cruzamento de variáveis pode-se utilizar o comando **Tabela de referência cruzada**. Para isso, na barra de menus, seleccionar **Analisar > Estatísticas descritivas > Tabela de referência cruzada...**

Figura 40 – Execução do comando **Tabela de referência cruzada.**

Vamos exemplificar com o cruzamento da variável **Idade** [em Linha(s)] por **Sexo** do inquirido [em Coluna(s)]:

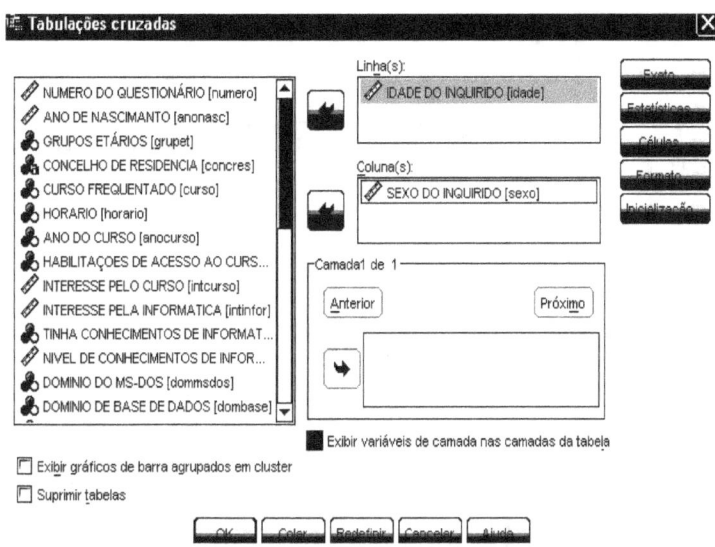

Figura 41 – Execução do comando **Tabela de referência cruzada** (cont.).

Clicando em **OK**, obtém-se como resultado:

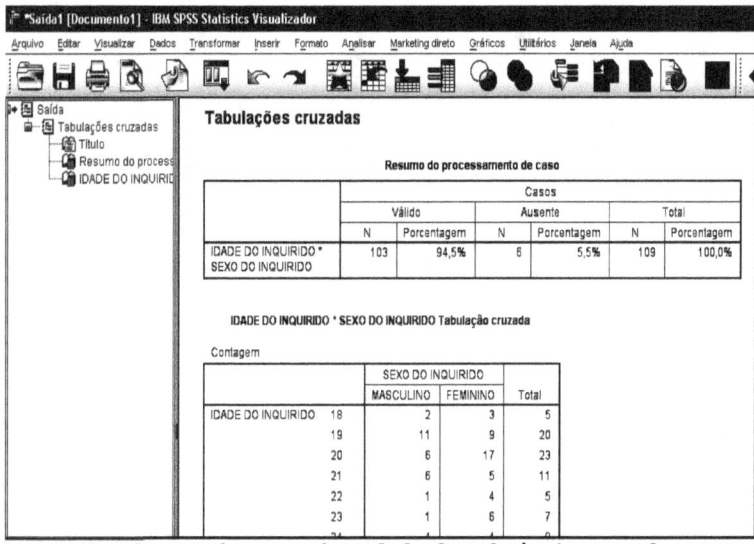

Figura 42 – **Output** do comando **Tabela de referência cruzada.**

IDADE DO INQUIRIDO * SEXO DO INQUIRIDO Tabulação cruzada

Contagem

		SEXO DO INQUIRIDO		Total
		MASCULINO	FEMININO	
IDADE DO INQUIRIDO	18	2	3	5
	19	11	9	20
	20	6	17	23
	21	6	5	11
	22	1	4	5
	23	1	6	7
	24	4	4	8
	25	0	1	1
	26	0	2	2
	27	1	1	2
	28	0	3	3
	29	0	1	1
	30	1	1	2
	31	1	0	1
	32	1	2	3
	34	0	2	2
	35	0	2	2
	41	0	1	1
	42	0	1	1
	44	1	0	1
	48	0	1	1
	50	0	1	1
Total		36	67	103

Figura 43 – **Output** do comando **Tabela de referência cruzada** (cont.).

7.5 - Representação Gráfica

Os resultados de uma análise estatística podem, por vezes, ser representados graficamente. Para isso, na barra de menus, clica-se em **Gráficos** e seleciona-se o tipo de gráfico que se pretende. Vamos exemplificar com um Gráfico de Colunas (Histograma) e com um Gráfico Circular (Sectograma).

7.5.1 - Gráfico de colunas (Histograma)

Para criar um Histograma, depois de se ter clicado em **Gráficos**, aparece o seguinte menu:

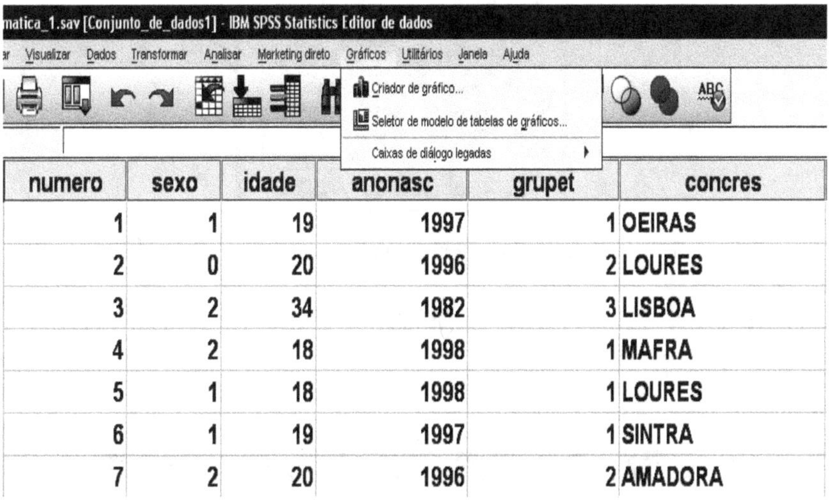

Figura 44 – Menu para a criação de um gráfico.

Há várias alternativas. No entanto, a mais simples parece-me ser clicar em "**Caixas de diálogo legadas**".

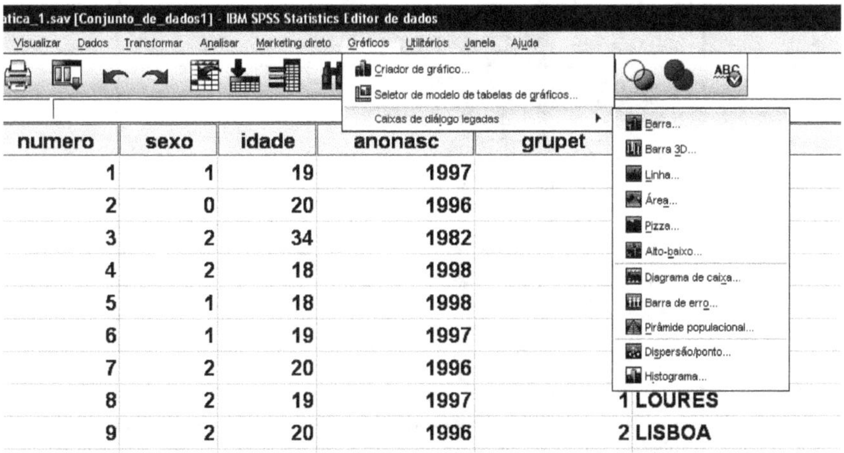

Figura 45 – Menu para a seleção do tipo de gráfico.

Seleciona-se, então, o tipo de gráfico pretendido. Neste caso, **Barra**. E o resultado é a seguinte caixa de diálogo, onde são sugeridos três tipos de gráficos:

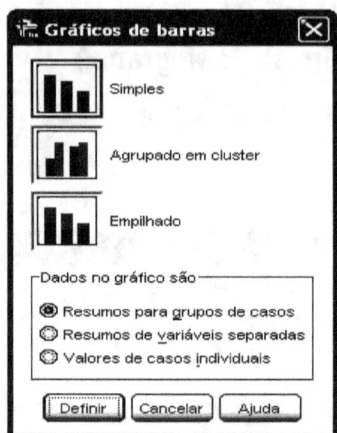

Figura 46 – Caixa de diálogo para a criação de um gráfico.

Vamos exemplificar com o mais simples, tal como sugerido. Para isso, clica-se em **Simples > Definir**.

Aparece outra caixa:

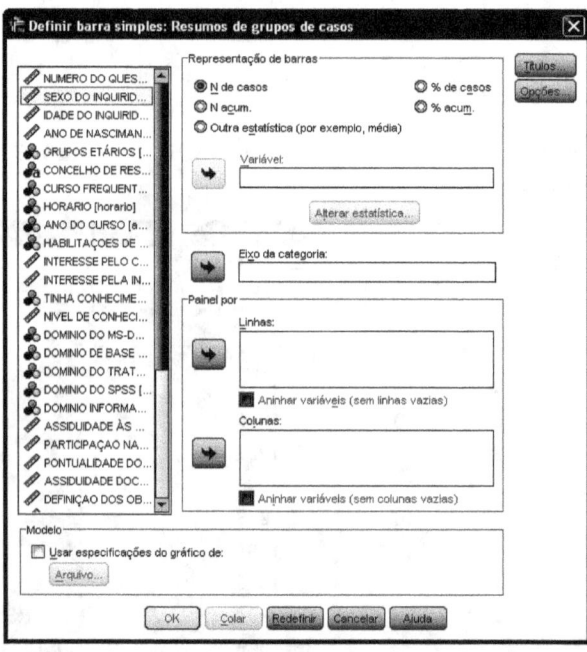

Figura 47 – Caixa de diálogo para a criação de um gráfico (cont.).

Na caixa das variáveis seleciona-se aquela que se pretende representar. Neste caso, vamos exemplificar com a variável "Sexo do Inquirido". Clica-se, depois, na seta para a direita, que se encontra em **Eixo da categoria,** e a variável fica selecionada.

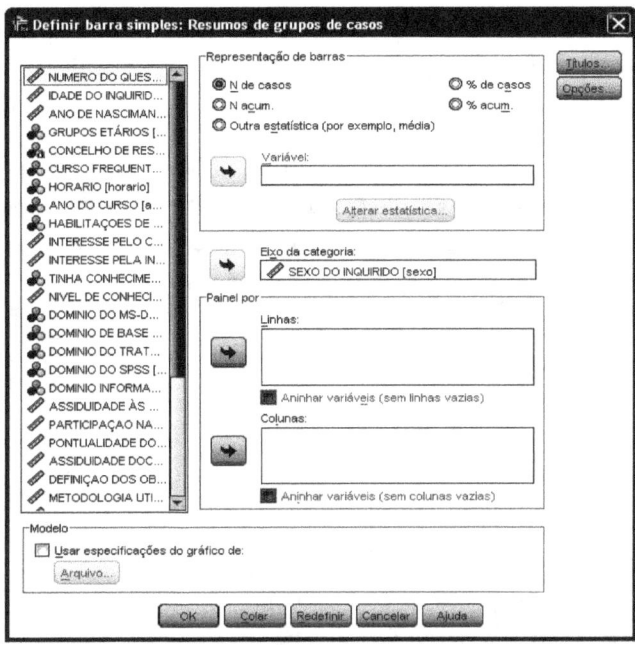

Figura 48 – Caixa de diálogo para a criação de um gráfico (cont.).

Aproveita-se para colocar o Título, carregando em **Títulos**.

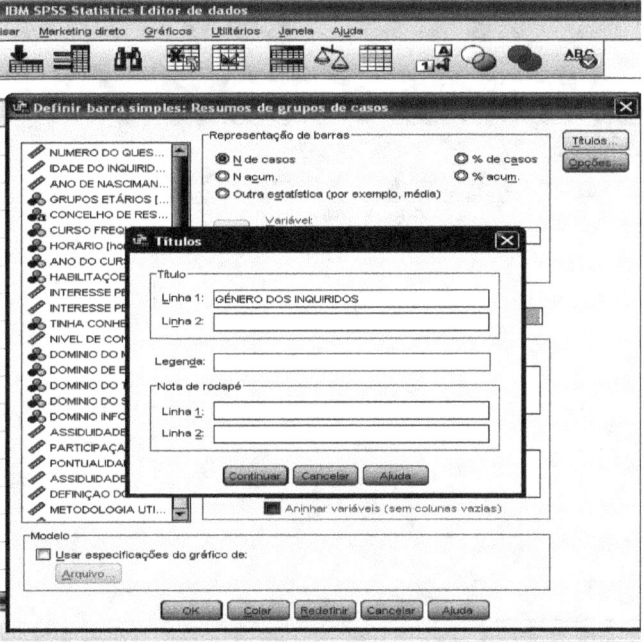

Figura 49 – Caixa de diálogo para a criação de um gráfico (cont.)

Depois, **Continuar**.

Clicando em **Opções,** pode-se selecionar também para **Exibir grupos definidos por valores ausentes.**

Clicando em **OK**, obtém-se o gráfico seguinte, na janela do **Visualizador**:

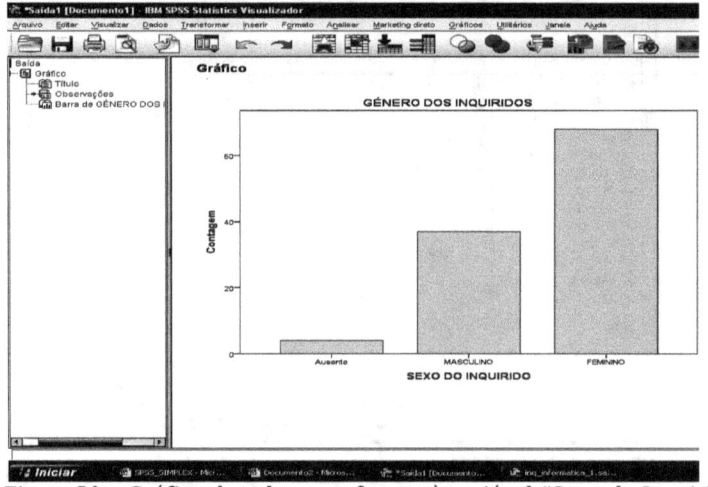

Figura 50 – Gráfico de colunas, referente à variável "Sexo do Inquirido"

Para editar o gráfico, de forma a melhorar a sua apresentação, seleciona-se o gráfico e dá-se dois clics seguidos. O que permite entrar no **Editor de Gráfico**.

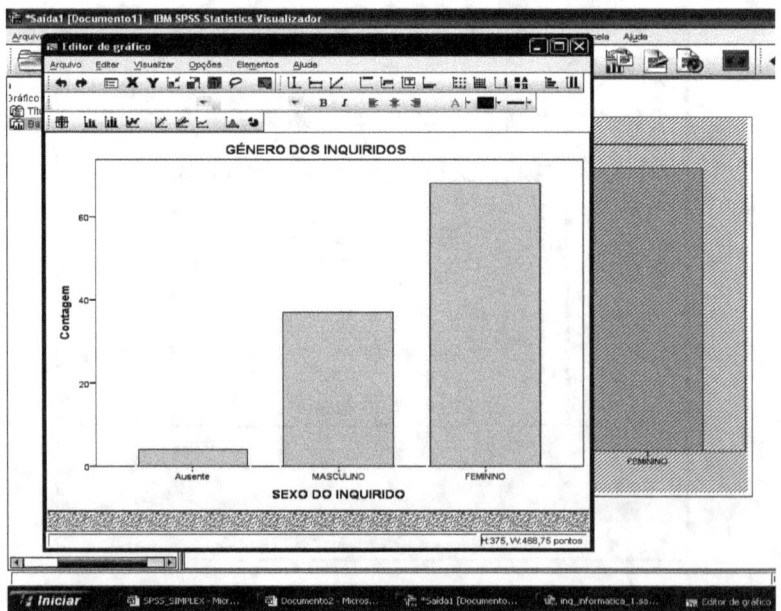

Figura 51 – Edição do gráfico.

Vamos substituir **Contagem** por **Número**. Para isso dá-se um clic em **Contagem**, seguido de outro, escreve-se a palavra **Número**, na horizontal, outro clic, e está feito.

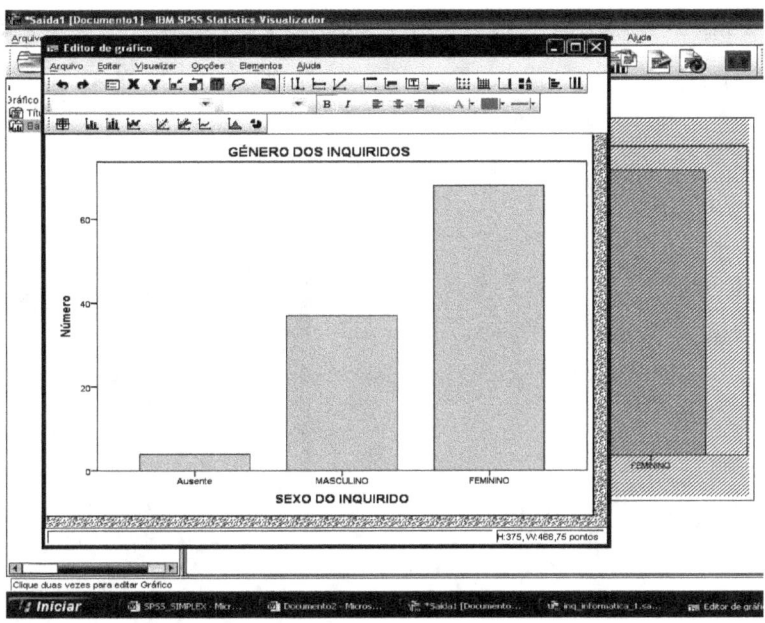

Figura 52 – Edição do gráfico (cont.).

Para alterar as cores de todas ou de cada coluna, dá-se um clic numa delas, ficando todas selecionadas. Depois, para selecionar só uma, clica-se em cima dela. Para escolher a cor, clica-se no botão da palete de cores e seleciona-se a cor pretendida.

Para sair do **Editor de gráfico** e concluir o processo, carrega-se no botão de **Fechar** da respetiva janela. E fica o gráfico devidamente editado.

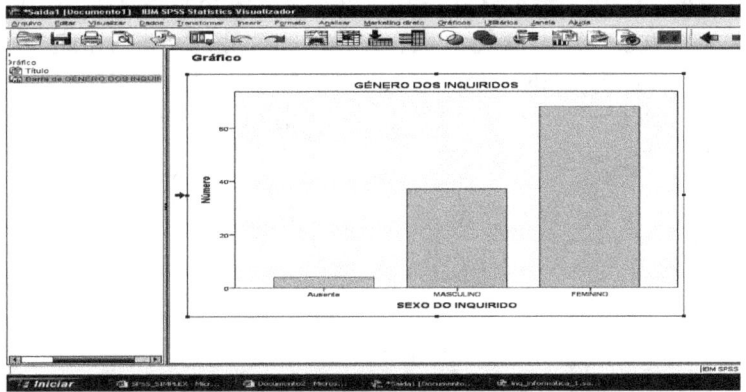

Figura 53 – Gráfico devidamente editado.

7.5.2 - Gráfico circular (Sectograma)

Para a elaboração de um Gráfico Circular seguem-se etapas semelhantes. Apenas difere na escolha do tipo de gráfico que, neste caso, é **Pizza**. E o resultado será:

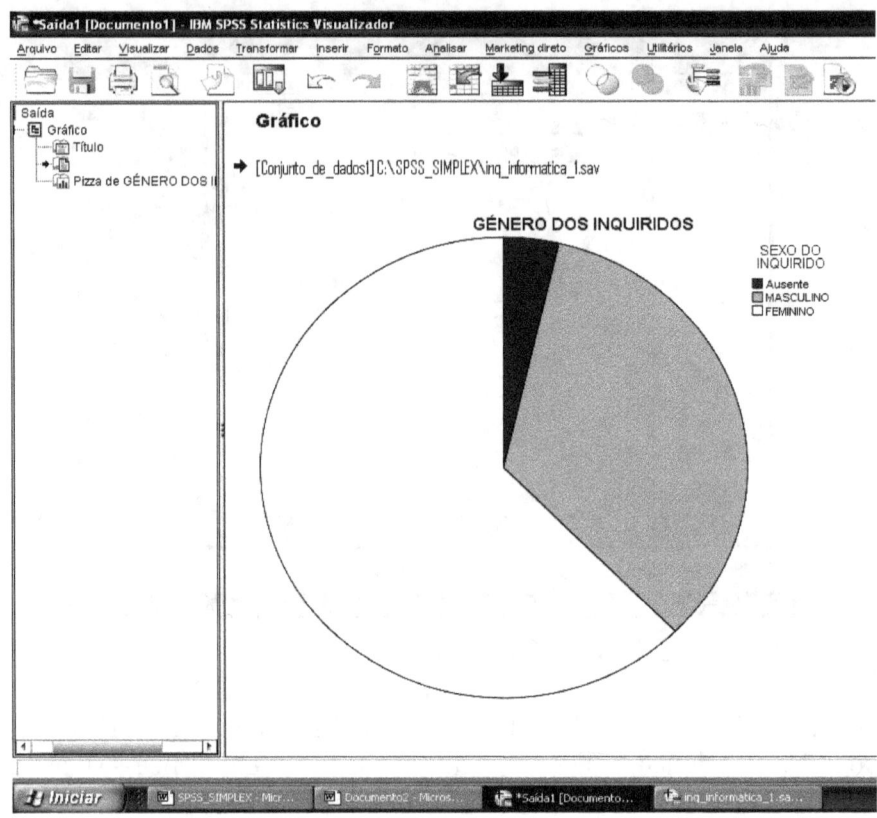

Figura 54 – Elaboração de um Gráfico Circular.

Pode-se ainda melhorar o aspeto, por exemplo, suprimindo a legenda e fazendo aparecer as respetivas percentagens de cada categoria de género. Para tal, volta-se a entrar no **Editor de gráfico** e clica-se em **Opções > Ocultar legenda.** Em **Elementos > Mostrar rótulos de dados**. É aberta a caixa **Propriedades**. Carregando na seta do lado direito, selecionam-se os itens que se pretende que apareçam no gráfico. E, com a cruz do lado direito, tiram-se os que não se quer que apareçam. Clica-se em **Aplicar**.

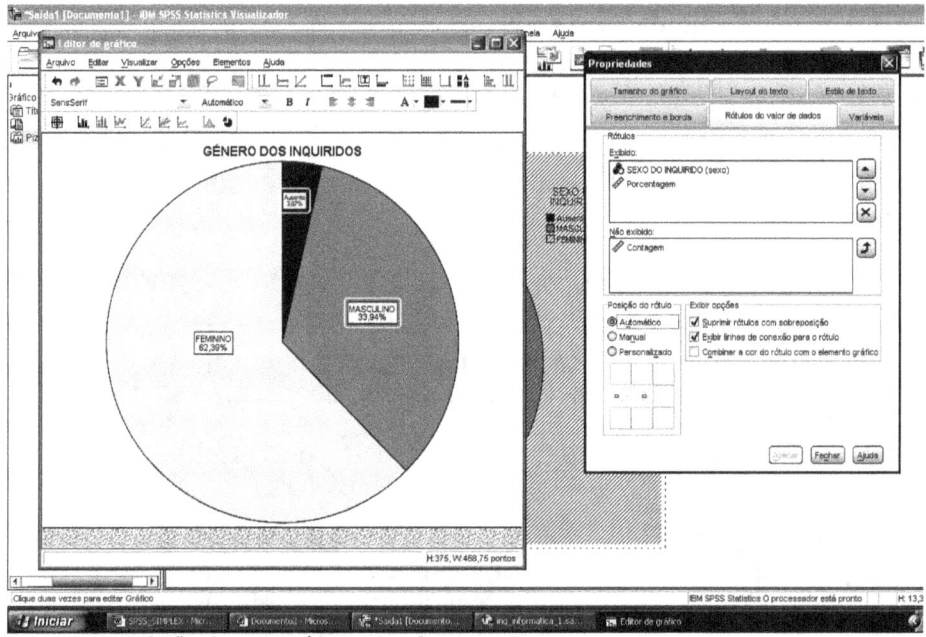

Figura 55 – Edição de um Gráfico Circular (cont.).

Fecha-se a caixa **Propriedades** e o **Editor de gráfico** e o resultado é:

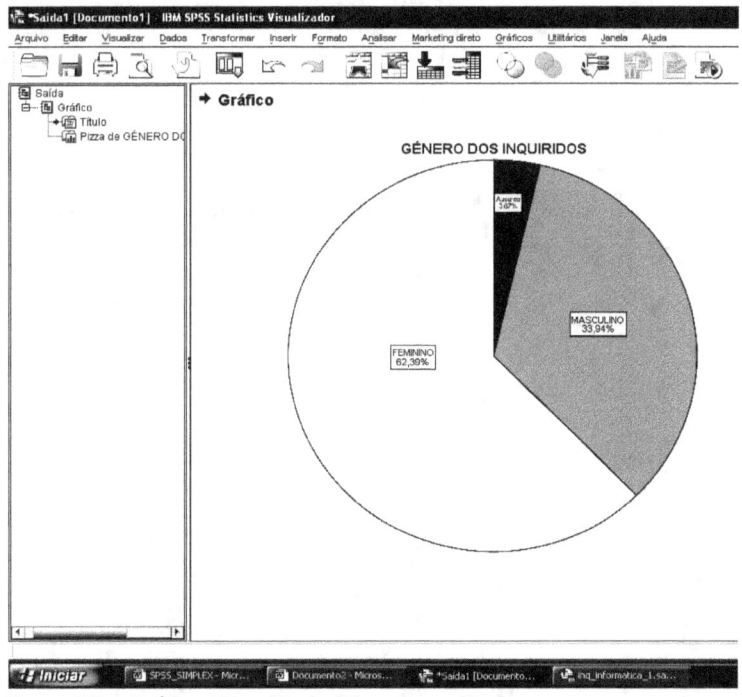

Figura 56 – Gráfico Circular devidamente editado.

7.6 - Correlação de Variáveis

A estatística da correlação visa determinar o nível de associação entre variáveis.

Há dois tipos básicos de correlação de variáveis: a correlação bivariada e a correlação multivariada. O SPSS apresenta ainda a correlação parcial e a correlação de distância.

Vamo-nos limitar à correlação bivariada, isto é, entre variáveis consideradas aos pares.

Na correlação bivariada, podem-se ainda distinguir a correlação linear, entre variáveis de intervalo e de rácio, e a correlação ordinal, entre variáveis ordinais.

A medida da correlação é dada em coeficientes de correlação, que procuram traduzir o grau e a direção de associação entre variáveis.

O coeficiente mais usual de correlação é o **coeficiente de correlação de Bravais-Pearson**, que a generalidade dos autores recomenda apenas para as variáveis de intervalo e de rácio, deixando de parte as ordinais.

Para efeitos de exemplificação, vamos usar indiferentemente umas ou outras. **Variáveis.**

Para ser rigorosa, a sua utilização implica que as variáveis sejam ainda do tipo paramétrico e que haja homogeneidade nas variâncias das variáveis a correlacionar. Ver-se-á, mais adiante, o que isso significa, ao tratar dos testes de hipóteses.

Para o seu cálculo, clica-se:
Analisar > Correlacionar > Bivariável

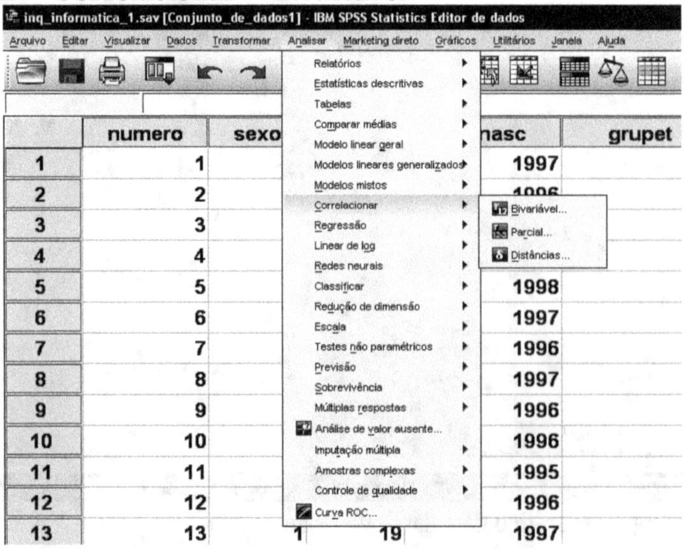

Figura 57 – Para o cálculo da correlação bivariada

Selecionam-se, depois, as variáveis a analisar e o tipo de correlação pretendida. Neste caso, a **correlação de Pearson**. Para exemplificar, selecionou-se: **Interesse pelo Curso, Interesse pela Informática, Assiduidade às Aulas**.

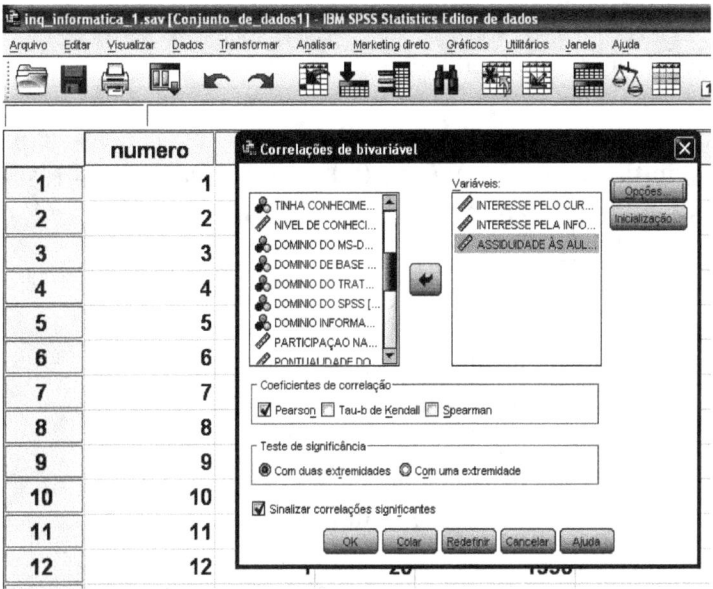

Figura 58 – Para o cálculo da correlação bivariada (cont.)

E o resultado é:

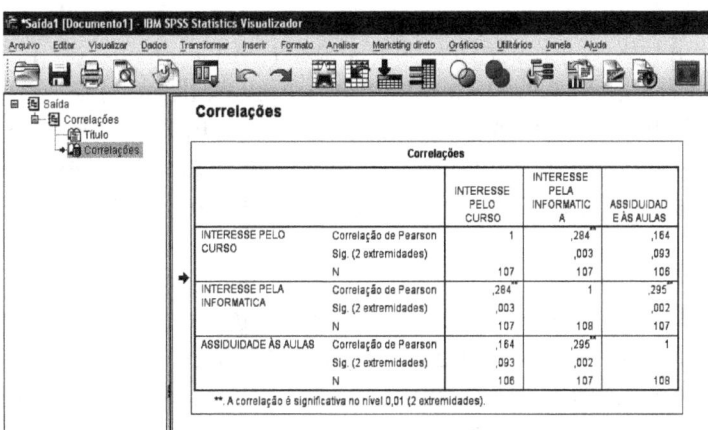

Figura 59 – Resultados do cálculo das correlações

Como se vê, foi gerada uma matriz de coeficientes de correlação, com os respetivos níveis de significância e o número de casos associados a cada coeficiente, os quais se encontram distribuídos de forma simétrica, de um e outro lado da diagonal principal da matriz. Esta resulta do cruzamento de cada variável consigo própria e o seu valor é, naturalmente, igual a 1, pois os valores do **coeficiente de correlação de Pearson (r)** podem variar entre -1 e +1.

Em rodapé da "caixa das correlações", está a indicação que "** a correlação é significativa no nível de 0,01 (2 extremidades)". É aconselhável que, ao executar o procedimento, se escolha "Com uma extremidade", quando se tem o conhecimento prévio da direção da associação, e "Com duas extremidades" quando não existe tal comhecimento.

Quando, no processo, se escolhe "Sinalizar correlações significantes", as correlações significativas ao nível de 0,05 são assinaldas, no resultado, com *, enquanto as significativas ao nível de 0,01 são assinaladas com **, como é o caso, no exemplo apresentado.

Considera-se que **r**
  - inferior a 0,2   - correlação muito baixa;
  - entre 0,2 e 0,39 - correlação baixa;
  - entre 0,4 e 0,69 - correlação moderada;
  - entre 0,7 e 0,89 - correlação alta;
  - entre 0,9 e 1   - correlação muito alta.

Um outro indicador para avaliar da correlação existente entre as variáveis é o nível de significância. Se este for $\leq 0,05$ é de rejeitar a hipótese nula de que não haveria correlação entre as variáveis, devendo, por isso, considerar-se que há correlação entre elas.

No exemplo apresentado, verifica-se que existe uma correlação, ainda que baixa, entre o "Interesse pelo Curso" e o "Interesse pela Informática" (com r = 0,284 e Sig. = 0,003), bem como entre "Interesse pela Informática" e "Assiduidade às Aulas" (com r = 0,295 e Sig. 0,002). Mas é de aceitar a hipótese nula de que não há correlação entre "Interesse pelo Curso" e "Assiduidade às Aulas" (com r = 0,164 e Sig. = 0,093).

Como alternativa ao **r de Pearson**, principalmente quando não se tem a certeza de que a distribuição é de tipo paramétrica (ou quando as variáveis estão numa escala ordinal, como requerem muitos autores), usa-se o **ró de Spearman** (ρ) ou o **tau de Kendall** (τ), cujos valores também variam entre -1 e + 1.

O cálculo destes procedimentos é semelhante ao de **Pearson**:

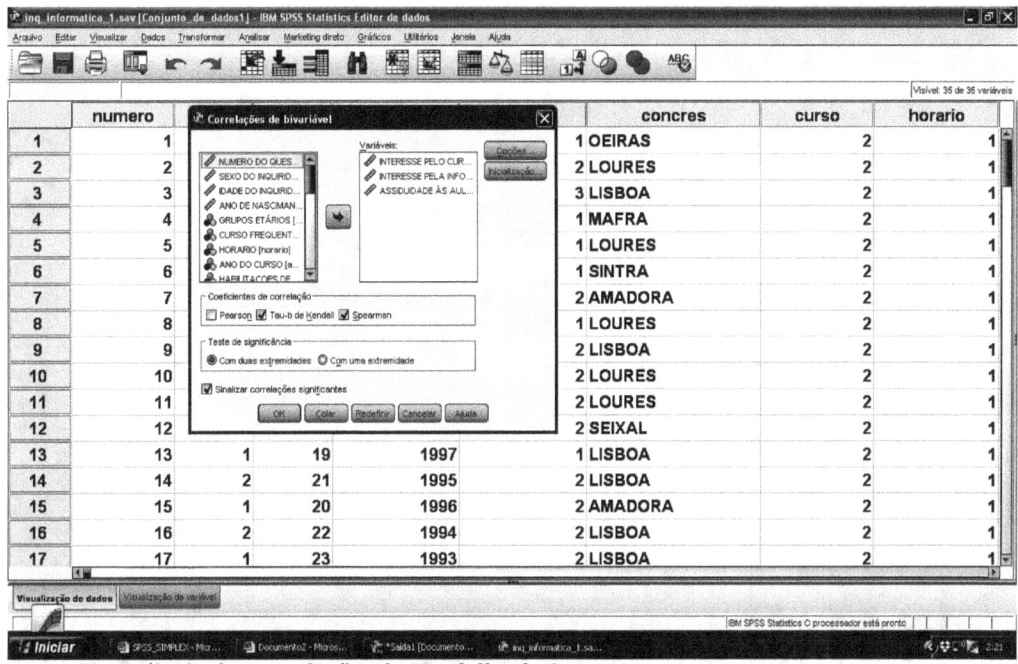

Figura 60 – Cálculo das correlações de Kendall e de Spearman

E a respetiva listagem é:

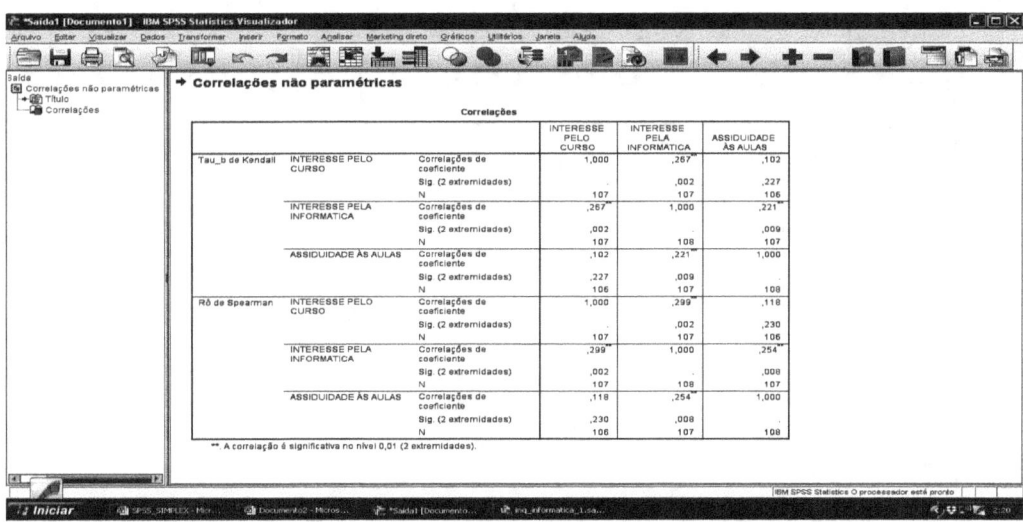

Figura 61 – Resultados do Cálculo das correlações de Kendall e de Spearman

Para melhor se visualizar a relação existente entre as variáveis pode-se elaborar gráficos apropriados. Neste caso, vamos usar um gráfico de tipo Scatergrama (Dispersão):

Gráficos > Caixas de diálogo legadas > Dispersão/ponto > Dispersão simples > Definir

Coloca-se, por exemplo, o "Interesse pelo Curso" no eixo dos Y e o "Interesse pela Informática" no eixo dos X, concluindo com OK.

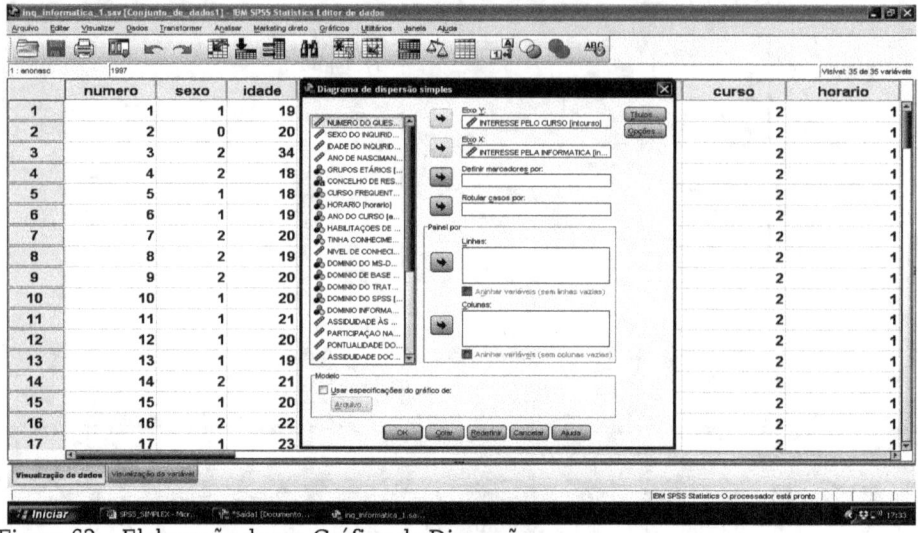

Figura 62 – Elaboração de um Gráfico de Dispersão.

E o resultado é:

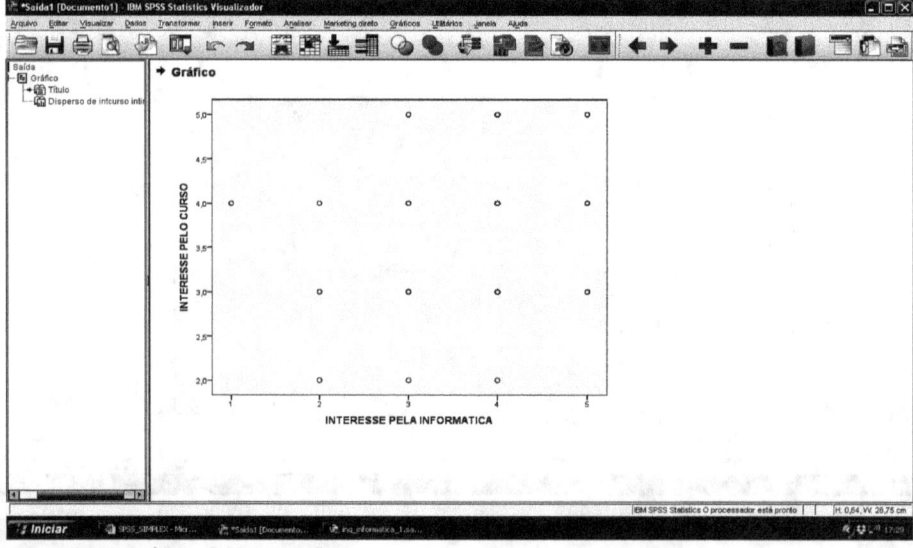

Figura 63 – Gráfico de Dispersão.

Como se pode verificar, a dispersão dos valores assinala bem a pouca correlação já antes detetada.

7.7 - Regressão Linear

A regressão linear é usada para definir a reta representativa da relação entre duas variáveis.

Ela está intimamente ligada ao **coeficiente de correlação**.

Para a obter, escolhe-se, na barra de menus:
Analisar > Regressão > Linear

e, depois, as variáveis a analisar, neste caso, "Interesse pelo Curso" e "Interesse pela Informática":

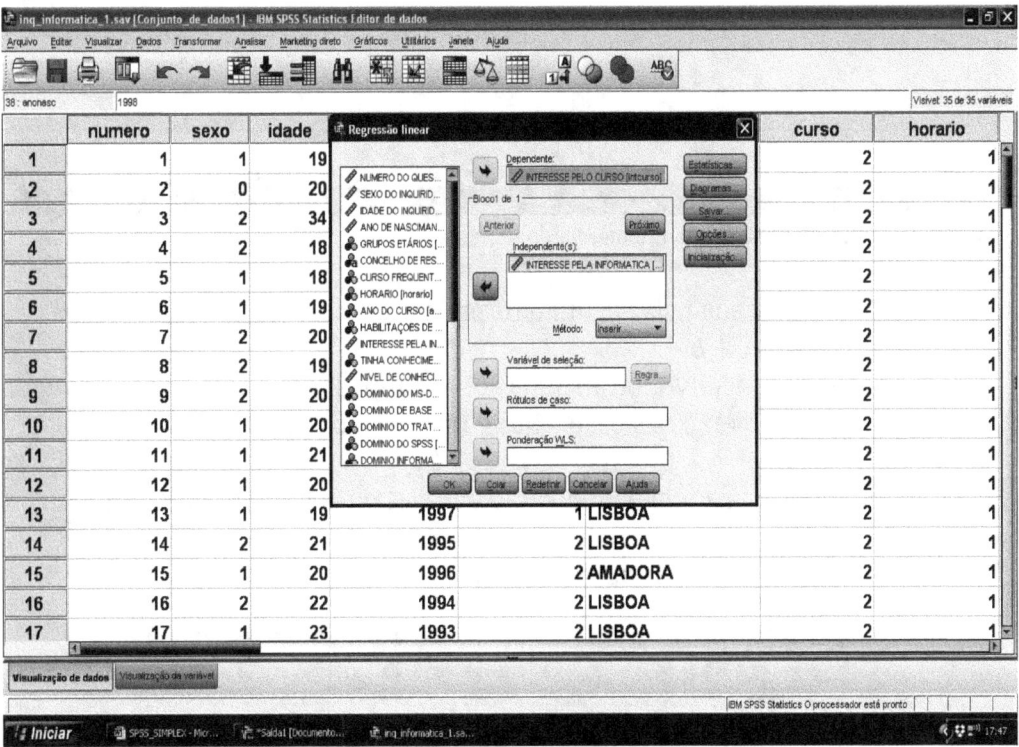

Figura 64 – Cálculo da Reta da Regressão.

53

E aqui está o resultado:

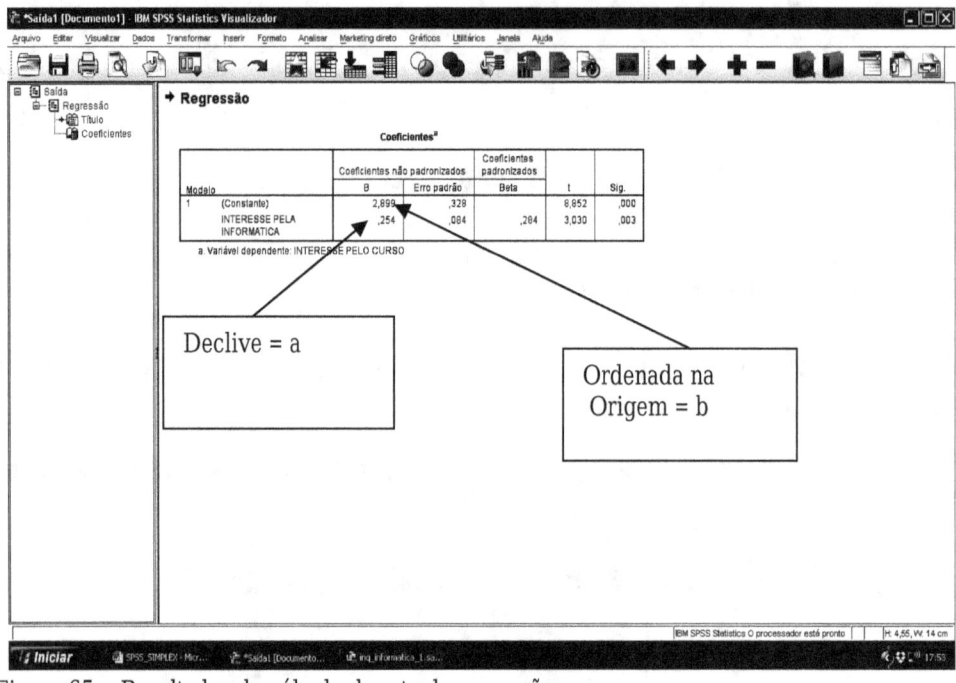

Figura 65 – Resultados do cálculo da reta da regressão.

A equação da reta é dada pela seguinte fórmula:

$$y = a\,x + b$$

onde **a** representa o declive, ou inclinação, e **b** representa a ordenada na origem, isto é, o ponto onde o eixo das ordenadas é intercetado pela reta.

Para obter um gráfico da reta da regressão entre as duas variáveis em análise

Analisar > Regressão > Estimativa da curva

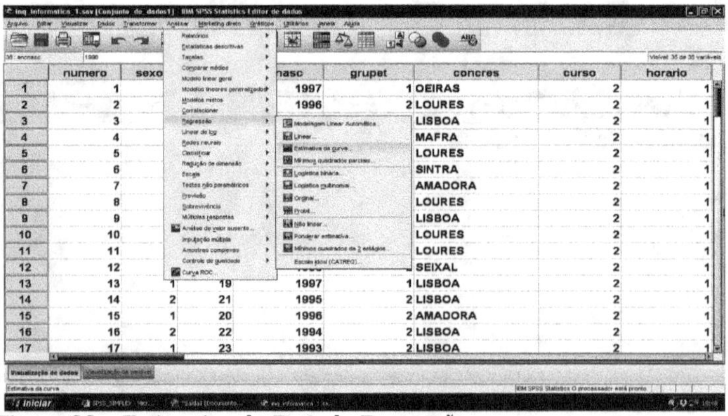

Figura 66 – Estimativa da Reta da Regressão.

Do que resulta:

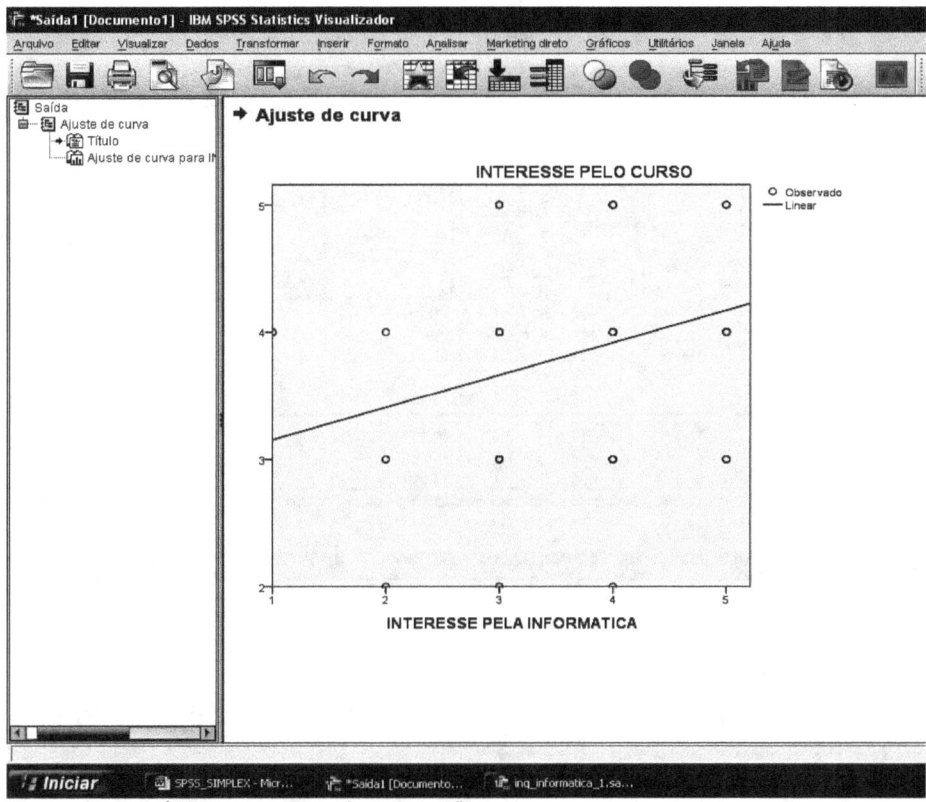

Figura 67 – Gráfico com a Reta da Regressão.

Geralmente (a não ser que a correlação fosse igual a -1 ou +1), os valores previstos pela reta são diferentes dos valores efetivos para cada caso. A diferença entre os dois valores designa-se por valor residual.

Para calcular esses valores, escolhe-se **Salvar** na caixa de diálogo **Analisar > Regressão > Estimativa da curva** e selecionam-se as opções **Valores previstos** e **Residuais**, como segue:

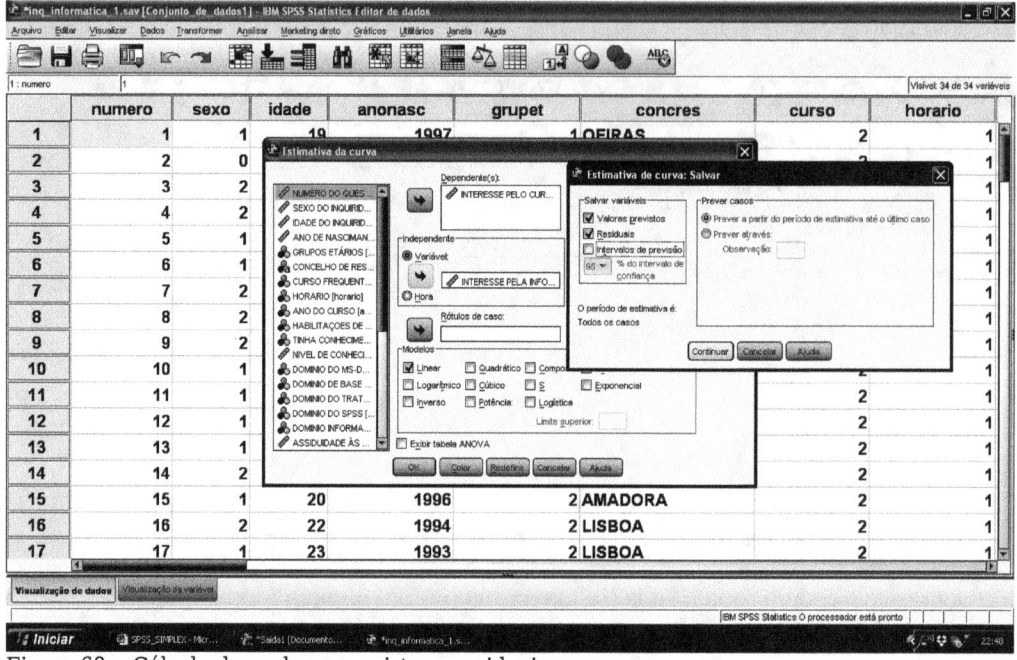

Figura 68 – Cálculo dos valores previstos e residuais.

Como resultado, são produzidas as variáveis **FIT_1** e **ERR_1**, com os respetivos valores previstos e residuais para cada caso.

		obs	FIT_1	ERR_1	var
1	1	NADA DE GRANDE RELEVANCIA	4,90479	-1,90479	
2	1		3,92383	-,92383	
3	1		3,92383	,07617	
4	1		3,92383	,07617	
5	2	FALTA DE COMPUTADORES	3,92383	,07617	
6	1	DAR TEMPO AOS ALUNOS PARA DECORAR ...C	2,94287	,05713	
7	2		2,94287	,05713	
8	1		3,92383	,07617	
9	0		3,92383	-,92383	
10	1		3,92383	,07617	
11	1		3,92383	-1,92383	
12	1		4,90479	-1,90479	
13	1	DEVIA HAVER COMPUTADOR, POWERPOINT	,98096	3,01904	
14	2	DEVIA SER CADEIRA OPCIONAL	3,92383	,07617	
15	1		3,92383	.	
16	1		3,92383	-,92383	
17	1	ANUAL COM 6 HORAS POR SEMANA	3,92383	-,92383	

Figura 69 – Ficheiro com as novas variáveis **FIT_1** e **ERR_1**.

Para visualizar os valores previstos junto dos valores reais, escolher, na barra de menus

Analisar > Relatórios > Resumos de caso

selecionando e movendo para a lista de variáveis aquelas que se pretende analisar.

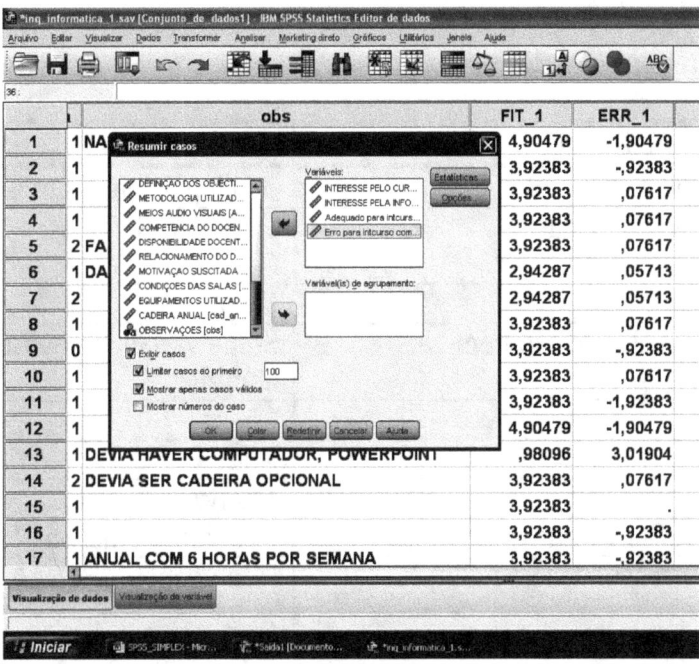

Figura 70 – Cálculo de um relatório sumário.

Do que resulta, depois de OK:

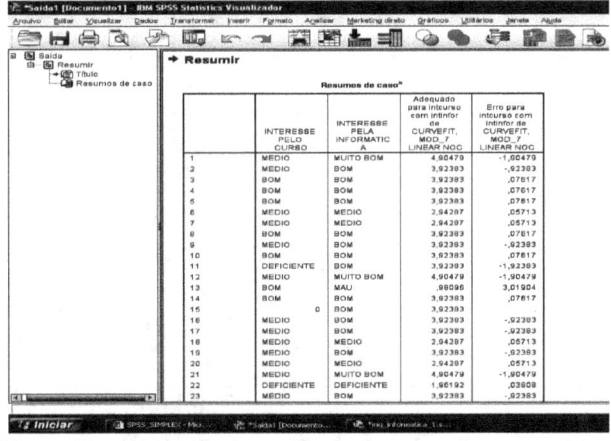

Figura 71 – Listagem de variáveis com os valores previstos e residuais.

8 – TERMOS DOS COMANDOS DO SPSS EM PORTUGUÊS/INGLÊS/PORTUGUÊS

É usual o SPSS estar numa versão em inglês. Aqui usamos uma versão em português. Para facilitar o seu uso, apresentam-se, de seguida, os termos dos comandos mais utilizados nas duas versões.

8.1 - Português - Inglês

PORTUGUÊS	INGLÊS
2 Amostras Independentes	2 Independent Samples
2 Amostras Relacionadas	2 Related Samples
Abrir	Open
Ajuda	Help
Algumas variáveis não são nominais múltiplos	Some variable(s)not multiple nominal
Alterar	Change
Ambos	Both
Analisar	Analyze
Análise de confiabilidade	Reliability Analysis
Análise de correspondência múltipla	Homogenety (HOMALS)
Análise discriminante	Discriminant Analisys
Análise selecionada	Selected Analises
ANOVA unidirecional	One-Way ANOVA
ANOVAs de apenas uma variável	Univariate ANOVAs
Aplicar	Apply
Arquivo	File
Associação de grupo prevista	Predictility of group membership
Associação de grupos previstos	Predict group membership
Até	Through
Ausente	Missing
Bandeja de dinamização	Pivoting Trays
Barra de (em) Cluster	Clustered Bar
Barra de erro	Error Bar
Barra de status	Status Bar
Barra empilhada	Stacked Bar
Barra simples	Simple Bar
Base de dados	Data Base
Binómio	Binominal
Bivariável	Bivariate

Boxplot em Cluster	Clustered Boxplot
Caixas de diálogo legadas	Legacy Dialogs
Calcular a partir de tamanho de gupo	Compute from groups sizes
Calcular variável	Compute
Camada(s)	Layer(s)
Caule e folha	Stem-and-leaf
Células	Cells
Classificação de exclusão de um item	Leave one out classification
Classificar	Classify
Cluster de K-médias	K-Means Cluster
Cluster em X: definir cor	Cluster on X: set color
Cluster hierárquico	Hierarchical Cluster
Coeficiente de correlação	Correlarion Coefficients
Colar	Paste
Coluna	Column
Com duas extremidades	Two-tailed
Com uma extremidade	One-tailed
Com uma única variável	Univariate
Combinar caso	Match Case
Comparar médias	Compare Means
Componentes principais categóricos	Categorical Principal Components (CatPCA)
Conjuntos múltiplos	Multiple sets
Construtor de gráfico	Chart Builder
Contagens	Counts
Continuação canónica não linear	Nonlinear Canonical (OVERALS)
Continuar	Continue
Converter	Convert
Copiar	Copy
Copiar especial	Copy Special
Correlação	Correlate
Correlação dengtro dos grupos	Within-groups correlation
Correlação dentro de grupos	Within-groups correlation
Correr	Run
Cortar	Cut
Covariância de grupos separados	Separate-groups covariance
Covariância dentro de grupos	Within-groups correlation
Covariância total	Total covariance

Criador de gráfico	Chart Builder
Criar séries temporais	Create Time Series
Curtose	Kurtosis
Dados	Data
Definir	Define
Definir datas	Define Dates
Definir Dicotomia	Define Dichotomy
Definir Grupos	Define Groups
Definir intervalo	Define Range
Definir pilhas por	Define Stacks by
Definir ponderação da variável	Define Scale and Weight
Dentro de gupos	Within-groups
Descriminante	Descriminant
Descritivos	Descriptives
Descritivos de univariável	Univariate descriptives
Desvio padrão	Std. Deviation
Diagrama em caixa	Boxplot
Dimensionar para	Scale to
Dimensões na solução	Dimension in solution
Dinâmico	Pivot
Discretização	Binning
Discriminante	Discriminant
Dispersão/Ponto	Scatter/Dot
Distância de de Mahalanbis	Mahalanobis distance
Editar	Edit
Editor de bandeja de dinamização	Pivot Table Editor
Editor de dados	Data Editor
Editor de gráfico	Chart Editor
Editor de sintaxe	Syntax Editor
Eixo da categoria	Category Axis
Eixo X	X-Axis
Eixo Y	Y-Axis
Elementos	Elements
Empilhado	Stacked
Empilhar: definir cor	Stack: set color
Entrada	Entry
Erro padrã	Std. Error
Erro padrão da média	Std. Error Mean

Escala	Scale
Escala ideal	Optional Scaling
Escalar se iten for excluído	Scale if item deleted
Espaço entre itens	Space between items
Esperado	Expected
Estatísticas	Statistics
Estatísticas descritivas	Desciptive Statistics
Exibir tabelas de frequência	Display Frequency Tables
Explorar	Explore
Exportar informações do modelo para o arquivo XML	Export model information to XML file
Extração	Extration
F para distância por par	F for pairwise distance
Fator	Factor
Fechar	Close
Ficheiro	File
Formato	Format
Frequências	Frequencies
Gráfico de valores próprios para cada componente	Scree plot
Gráfico disperso simples	Simple Scatter
Gráficos	Graphs, Plots
Gráficos de normalidade com testes	Normaly plots with tests
Gráficos Q-Q	Q-Q Plots
Graus de liberdada (gl)	Degree Freedam (df)
Grupos combinados	Combined-groups
Grupos separados	Separate-groups
ID de grupos/ponto	Groups/Point ID
Imprimindo	Printing
Independentes	Independents
Inferior	Lower
Informações do cluster para cada caso	Cluster information for each case
Inserir casos	Insert Cases
Inserir variável	Insert Variable
Intervalo (amplitude, faixa)	Range
Intervalo esperado	Expected Range
Intervalo interquartil	Interquartile Range
Ir para as camadas	Go to Layers
Ir para o caso	Go to case

Janela	Window
K amostras independentes	K independent Samples
Largura do caule	Stem width
Largura do intervalo	Interval width
Ligação	Linkage
Ligação de médias	Average Linkage
Limitar casos ao primeiro	Limit cases to first
Linear	Linear
Linha	Row; Line
Linha de ajuste no total	Fit Line at Total
Linha múltipla	Multiple Line
Localizar próximo	Find Next
M de Box	Box's M
Manter junto	Keep Together
Mapa territorial	Territorial map
Marketing direto	Direct Marketing
Matriz de correlações	Correlation Matrix
Máximo	Maximum
Média(s)	Mean(s)
Medir	Measure
Mediana	Median
Menor razão F	Smallest F ratio
Meta-arquivo	Metafile
Método	Method
Método Lamba de Wilk's	Method Wilk's lambda
Mínimo	Minimum
Modelo linear geral	General Linear Model
Módulo do rótulo de dados	Data Label Mode
Não está datado	Not dated
Não padronizado	Unstandardized
Níveis de fator em conjunto	Factor Levels Together
Nível de significância	Sig.
Nova consulta	New Query
Novo nome	New Name
Número de Clusters	Number of Clusters
Número de páginas iniciando com	Number pages starting with
O cluster de estágio é exibido peimeiro	Single ClusterFirst Appears
O primeiro caso é	First Case is

Observado	Observed
Obter dos dados	Get From Data
Opções	Options
Ordem	Order
Orientador de estatísticas	Statistics Coach
Origem	Origin
Os casos são	Cases Are
Padronizar	Standardize
Percentagens	Percentages
Percentil	Percentile
Percentis	Percentiles
Periodicidade no nível mais alto	Periodicity at higher level
Personalizado	Custom
Ponderar casos (por)	Weight Cases (by)
Ponto de corte	Cut point
Ponto de interrupção horizontal	Horizontal Breakpoint
Pontos de interrupção	Breakpoints
Pontuações	Scores
Pontuações Z	Z scores
Potuações de descriminante	Descriminat scores
Probabilidade de associação do grupo	Probabilities of group membership
Proporção de teste	Test Proportion
Propriedades	Properties
Propriedades da tabela	Table Properties
Próximo estágio	Next Stage
Quartil	Quartile
Qui-Quadrado	Chi-Square
Recodificação automática	Automatic Recode
Recodificar em variáveis diferentes	Recode into Diferent Variables
Recodificar nas mesmas variáveis	Recode into Same Variables
Redimensionar a tabela ampla para ajustar-se à página	Rescale wide table to fit page
Redimensionar a tabela extensa para ajustar-se à página	Rescalelong table to fit page
Redução de dimensão	Data Reduction
Relatórios	Reports
Remoção	Removal
Residuais	Residuals
Resultados por caso	Casewise results

Resumo das etapas	Summary of steps
Resumos de caso	Case Summaries
Rotação	Rotation
Rótulo	Label
Rótulo da ID do ponto	Point ID label
Rótulo de escala	Scale label
Rótulos de caso	Case Labels
Saída de texto	Text Output Editor
Salvar (Guardar)	Save
Salvar como (Guardar como)	Save as
Salvar como variáveis	Save as variables
Se a condição for cumprida	If condition satisfied
Seleção	Selection
Selecionar casos	Select Cases
Sequência de carateres	String
Sequências	Runs
Simples	Simple
Sinal	Sign
Sinalisar correlações significantes	Flag significant correlations
Sintaxe	Syntax
Solução de fator não rotacionado	Unrotated factor solution
Solução inicial	Initial solution
Substituir valores ausentes	Replace Missing Values
Substituir valores ausentes pela média	Replace missing values with mean
Superior	Upper
Tabela de referência cruzada	Crosstabs
Tabela de resumo	Summary table
Tamanho do gráfico impresso	Printed Chart Size
Teste de significância	Test of Significance
Testes não paramétricos	Nonparametric Tests
Teste-T de amostras em pares	Paired-Samples T Test
Teste-T de amostras independentes	Independent Samples T Test
Teste-T de uma amostra	One-Sample T Test
Texto em tabela	Text to Table
Tipo de teste	Test Type
Todas as categorias iguais	All categories equal
Todas as variáveis são nominais múltiplos	All variablesmultiple nominal
Todos os grupos iguais	All groups equal
Tópicos	Topics

Total	Total
Transformar	Transform
Tutorial	Tutorial
Um conjunto	One Set
Usar intervalo especificado	Use specified range
Usar método por etapa	Use Stepwise
Usar probabilidade de F	Use probability of F
Utilitários	Utilities
V de Rao	Rao's V
Valor de teste	Test Value
Valor próprio	Eigenvalue
Valores	Values
Valores antigo e novo	Old and New Values
Valores discrepantes	Outliers
Valores esperados	Expected values
Valores previstos	Predicted Values
Valores próprios iniciais	Initial eigenvalues
Variância	Ward
Variáveis	Variables
Variáveis da análise	Analyses variables
Variáveis de rotulagem	Labeling Variables
Variáveis suplementares	Supplementary Variables
Variável	Variable
Variável de agrupamento	Grouping Variable
Variável de agrupamento	Grouping Variable
Variável de rótulo do ponto	Point Label Variable
Visualização da variável	Variable View
Visualizador	Output Viewer
Visualizar	View

8.2 - Inglês - Português

INGLÊS	PORTUGUÊS
2 Independent Samples	2 Amostras Independentes
2 Related Samples	2 amostras relacionadas
All categories equal	Todas as categorias iguais
All groups equal	Todos os grupos iguais
All variablesmultiple nominal	Todas as variáveis são nominais múltiplos
Analyses variables	Variáveis da análise
Analyze	Analisar
Apply	Aplicar
Assimetria (obliquidade)	Skewness
Automatic Recode	Recodificação automática
Average Linkage	Ligação de médias
Binning	Discretização
Binominal	Binómio
Bivariate	Bivariável
Both	Ambos
Box's M	M de Box
Boxplot	Diagrama em caixa
Breakpoints	Pontos de interrupção
Case Labels	Rótulos de caso
Case Summaries	Resumos de caso
Cases Are	Os casos são
Casewise results	Resultados por caso
Categorical Principal Components (CatPCA)	Componentes principais categóricos
Category Axis	Eixo da categoria
Cells	Células
Change	Alterar
Chart Builder	Construtor de gráfico
Chart Builder	Criador de gráfico
Chart Editor	Editor de gráfico
Chi-Square	Qui-Quadrado
Classify	Classificar

Close	Fechar
Cluster information for each case	Informações do cluster para cada caso
Cluster on X: set color	Cluster em X: definir cor
Clustered Bar	Barra de (em) Cluster
Clustered Boxplot	Boxplot em Cluster
Column	Coluna
Combined-groups	Grupos combinados
Compare Means	Comparar médias
Compute	Calcular variável
Compute from groups sizes	Calcular a partir de tamanho de gupo
Continue	Continuar
Convert	Converter
Copy	Copiar
Copy Special	Copiar especial
Correlarion Coefficients	Coeficiente de correlação
Correlate	Correlação
Correlation Matrix	Matriz de correlações
Counts	Contagens
Create Time Series	Criar séries temporais
Crosstabs	Tabela de referência cruzada
Custom	Personalizado
Cut	Cortar
Cut point	Ponto de corte
Data	Dados
Data Base	Base de dados
Data Editor	Editor de dados
Data Label Mode	Módulo do rótulo de dados
Data Reduction	Redução de dimensão
Define	Definir
Define Dates	Definir datas
Define Dichotomy	Definir Dicotomia
Define Groups	Definir Grupos
Define Range	Definir intervalo
Define Scale and Weight	Definir ponderação da variável
Define Stacks by	Definir pilhas por
Degree Freedam (df)	Graus de liberdada (gl)
Desciptive Statistics	Estatísticas descritivas
Descriminant	Descriminante

Descriminat scores	Potuações de descriminante
Descriptives	Descritivos
Dimension in solution	Dimensões na solução
Direct Marketing	Marketing direto
Discriminant	Discriminante
Discriminant Analisys	Análise discriminante
Display Frequency Tables	Exibir tabelas de frequência
Edit	Editar
Eigenvalue	Valor próprio
Elements	Elementos
Entry	Entrada
Error Bar	Barra de erro
Expected	Esperado
Expected Range	Intervalo esperado
Expected values	Valores esperados
Explore	Explorar
Export model information to XML file	Exportar informações do modelo para o arquivo XML
Extration	Extração
F for pairwise distance	F para distância por par
Factor	Fator
Factor Levels Together	Níveis de fator em conjunto
File	Arquivo
File	Ficheiro
Find Next	Localizar próximo
First Case is	O primeiro caso é
Fit Line at Total	Linha de ajuste no total
Flag significant correlations	Sinalisar correlações significantes
Format	Formato
Frequencies	Frequências
General Linear Model	Modelo linear geral
Get From Data	Obter dos dados
Go to case	Ir para o caso
Go to Layers	Ir para as camadas
Graphs, Plots	Gráficos
Grouping Variable	Variável de agrupamento
Grouping Variable	Variável de agrupamento
Groups/Point ID	ID de grupos/ponto
Help	Ajuda

Hierarchical Cluster	Cluster hierárquico
Homogenety (HOMALS)	Análise de correspondência múltipla
Horizontal Breakpoint	Ponto de interrupção horizontal
If condition satisfied	Se a condição for cumprida
Independent Samples T Test	Teste-T de amostras independentes
Independents	Independentes
Initial eigenvalues	Valores próprios iniciais
Initial solution	Solução inicial
Insert Cases	Inserir casos
Insert Variable	Inserir variável
Interquartile Range	Intervalo interquartil
Interval width	Largura do intervalo
K independent Samples	K amostras independentes
Keep Together	Manter junto
K-Means Cluster	Cluster de K-médias
Kurtosis	Curtose
Label	Rótulo
Labeling Variables	Variáveis de rotulagem
Layer(s)	Camada(s)
Leave one out classification	Classificação de exclusão de um item
Legacy Dialogs	Caixas de diálogo legadas
Limit cases to first	Limitar casos ao primeiro
Linear	Linear
Linkage	Ligação
Lower	Inferior
Mahalanobis distance	Distância de de Mahalanbis
Match Case	Combinar caso
Maximum	Máximo
Mean(s)	Média(s)
Measure	Medir
Median	Mediana
Metafile	Meta-arquivo
Method	Método
Method Wilk's lambda	Método Lamba de Wilk's
Minimum	Mínimo
Missing	Ausente
Multiple Line	Linha múltipla

Multiple sets	Conjuntos múltiplos
New Name	Novo nome
New Query	Nova consulta
Next Stage	Próximo estágio
Nonlinear Canonical (OVERALS)	Continuação canónica não linear
Nonparametric Tests	Testes não paramétricos
Normaly plots with tests	Gráficos de normalidade com testes
Not dated	Não está datado
Number of Clusters	Número de Clusters
Number pages starting with	Número de páginas iniciando com
Observed	Observado
Old and New Values	Valores antigo e novo
One Set	Um conjunto
One-Sample T Test	Teste-T de uma amostra
One-tailed	Com uma extremidade
One-Way ANOVA	ANOVA unidirecional
Open	Abrir
Optional Scaling	Escala ideal
Options	Opções
Order	Ordem
Origin	Origem
Outliers	Valores discrepantes
Output Viewer	Visualizador
Paired-Samples T Test	Teste-T de amostras em pares
Paste	Colar
Percentages	Percentagens
Percentile	Percentil
Percentiles	Percentis
Periodicity at higher level	Periodicidade no nível mais alto
Pivot	Dinâmico
Pivot Table Editor	Editor de bandeja de dinamização
Pivoting Trays	Bandeja de dinamização
Point ID label	Rótulo da ID do ponto
Point Label Variable	Variável de rótulo do ponto
Predict group membership	Associação de grupos previstos
Predicted Values	Valores previstos
Predictility of group membership	Associação de grupo prevista
Printed Chart Size	Tamanho do gráfico impresso
Printing	Imprimindo

Probabilities of group membership	Probabilidade de associação do grupo
Properties	Propriedades
Q-Q Plots	Gráficos Q-Q
Quartile	Quartil
Range	Intervalo (amplitude, faixa)
Rao's V	V de Rao
Recode into Diferent Variables	Recodificar em variáveis diferentes
Recode into Same Variables	Recodificar nas mesmas variáveis
Reliability Analysis	Análise de confiabilidade
Removal	Remoção
Replace Missing Values	Substituir valores ausentes
Replace missing values with mean	Substituir valores ausentes pela média
Reports	Relatórios
Rescale wide table to fit page	Redimensionar a tabela ampla para ajustar-se à página
Rescalelong table to fit page	Redimensionar a tabela extensa para ajustar-se à página
Residuals	Residuais
Rotation	Rotação
Row; Line	Linha
Run	Correr
Runs	Sequências
Save	Salvar (Guardar)
Save as	Salvar como (Guardar como)
Save as variables	Salvar como variáveis
Scale	Escala
Scale if item deleted	Escalar se iten for excluído
Scale label	Rótulo de escala
Scale to	Dimensionar para
Scatter/Dot	Dispersão/Ponto
Scores	Pontuações
Scree plot	Gráfico de valores próprios para cada componente
Select Cases	Selecionar casos
Selected Analises	Análise selecionada
Selection	Seleção
Separate-groups	Grupos separados
Separate-groups covariance	Covariância de grupos separados
Sig.	Nível de significância

Sign	Sinal
Simple	Simples
Simple Bar	Barra simples
Simple Scatter	Gráfico disperso simples
Single ClusterFirst Appears	O cluster de estágio é exibido peimeiro
Skewness	Assimetria (obliquidade)
Smallest F ratio	Menor razão F
Some variable(s)not multiple nominal	Algumas variáveis não são nominais múltiplos
Space between items	Espaço entre itens
Stack: set color	Empilhar: definir cor
Stacked	Empilhado
Stacked Bar	Barra empilhada
Standardize	Padronizar
Statistics	Estatísticas
Statistics Coach	Orientador de estatísticas
Status Bar	Barra de status
Std. Deviation	Desvio padrão
Std. Error	Erro padrã
Std. Error Mean	Erro padrão da média
Stem width	Largura do caule
Stem-and-leaf	Caule e folha
String	Sequência de carateres
Summary of steps	Resumo das etapas
Summary table	Tabela de resumo
Supplementary Variables	Variáveis suplementares
Syntax	Sintaxe
Syntax Editor	Editor de sintaxe
Table Properties	Propriedades da tabela
Territorial map	Mapa territorial
Test of Significance	Teste de significância
Test Proportion	Proporção de teste
Test Type	Tipo de teste
Test Value	Valor de teste
Text Output Editor	Saída de texto
Text to Table	Texto em tabela
Through	Até
Topics	Tópicos

Total	Total
Total covariance	Covariância total
Transform	Transformar
Tutorial	Tutorial
Two-tailed	Com duas extremidades
Univariate	Com uma única variável
Univariate ANOVAs	ANOVAs de apenas uma variável
Univariate descriptives	Descritivos de univariável
Unrotated factor solution	Solução de fator não rotacionado
Unstandardized	Não padronizado
Upper	Superior
Use probability of F	Usar probabilidade de F
Use specified range	Usar intervalo especificado
Use Stepwise	Usar método por etapa
Utilities	Utilitários
Values	Valores
Variable	Variável
Variable View	Visualização da variável
Variables	Variáveis
View	Visualizar
Ward	Variância
Weight Cases (by)	Ponderar casos (por)
Window	Janela
Within-groups	Dentro de gupos
Within-groups correlation	Correlação dengtro dos grupos
Within-groups correlation	Correlação dentro de grupos
Within-groups correlation	Covariância dentro de grupos
X-Axis	Eixo X
Y-Axis	Eixo Y
Z scores	Pontuações Z

E por aqui nos ficamos no que à primeira parte deste texto se refere, essencialmente centrado sobre a análise das Estatísticas Descritivas com o SPSS.

Seguir-se-á uma segunda parte, onde iremos analisar, principalmente, alguns dos procedimentos referentes às principais Estatísticas Indutivas.

Apenas vamos acrescentar um breve capítulo sobre algumas Noções e Fórmulas Estatísticas.

9 - ALGUMAS NOÇÕES E FÓRMULAS ESTATÍSTICAS

- Escalas de medida – as variáveis são medidas em quatro escalas: nominal, ordinal, intervalo e rácio.
  - Na escala nominal, os números correspondem a atributos ou qualidades, como é, por exemplo, o número atribuído aos diferentes sexos, às diferentes religiões, aos diferentes horários, etc.
  - Na escala ordinal, verifica-se uma ordenação numérica das suas categorias, como, por exemplo, os escalões de rendimento, as escalas de classificações académicas, as classes etárias, etc.
  - Na escala de intervalo, a diferença entre os números corresponde a uma diferença igual nas quantidades da característica medida. O zero é um valor arbitrário, como acontece nas escalas de temperaturas medidas em graus Celsius ou Fahrenheit.
  - Na escala de rácio, o zero tem valor absoluto ou real. É o que acontece com a idade, com as distâncias entre corpos, etc.

- Série numérica - conjunto de números. Ex.:3, 8, 2, 4, 14.

- Quadro de frequências - correspondência a cada valor distinto da série; a frequência de repetição desse valor.

Ex.:	Valores	Frequência
	2	4
	3	3
	4	2

- As frequências podem ser absolutas, relativas e acumuladas.

- Moda - valor de uma série numérica que tem a frequência máxima.
- Mediana - número que ocupa o meio da distribuição estatística.

- Média aritmética - resultado da soma dos valores da série dividida pelo número dos valores.

$$\bar{X} = \sum_{i=1}^{n} \frac{X_i}{N}$$

- Média aparada (**Trimmed Mean**) a 5% - que exclui os 5% dos valores mais elevados e os 5% dos valores mais baixos.

- Quando uma distribuição é simétrica, a moda, a mediana e a média são iguais.

- Uma curva de distribuição pode ser: simétrica; com assimetria positiva (se tem uma "cauda" mais longa à direita) ou com assimetria negativa (quando é desviada para a esquerda). A **SKEWNESS** dá a medida do tipo de inclinação.

- Uma curva de distribuição pode ser leptocúrtica, platicúrtica ou mesocúrtica. A **KURTOSIS** dá a respectiva indicação e medida.

- Amplitude (**Range**) – é uma medida de dispersão que consiste na diferença entre os valores máximo e mínimo de uma variável.

- Amplitude interquartil (**Interquartile Range**) – é também uma medida de dispersão definida pela diferença entre o terceiro e o primeiro quartil, o que implica que, no seu cálculo estão excluídas 25% das menores e 25% das maiores observações.

- Variância - medida de dispersão em torno da média aritmética da série. Igual ao resultado da divisão da soma dos quadrados dos desvios à média pelos efectivos observados.

$$V = \frac{\sum_{i=1}^{n} fi(xi - m)^2}{\sum_{i=1}^{n} fi}$$

ou

$$V = \frac{\sum (xi - m)^2}{N - 1}$$

onde N-1 exprime o número de graus de liberdade da variável. O que dá a variância estimada, que é tanto mais próxima da variância calculada (resultante da divisão por N) quanto maior for N.

- Desvio padrão - σ - raiz quadrada da variância. Tratando-se do desvio padrão de uma amostra, o símbolo é s.

- Erro padrão - desvio padrão das médias das amostras da população-mãe:

$$E = \frac{\sigma}{\sqrt{N}}$$

- Teste do χ^2 - Ki quadrado ou critério de Pearson, é um teste para determinar se uma distribuição de frequências é do tipo gaussiana ou não. Também permite fazer comparações entre amostras independentes para avaliar das diferenças significativas ou não. Entre duas variáveis, se o nível de significância é bastante baixo (≤ 0,05), há diferença significativa entre elas (rejeita-se a hipótese nula); caso contrário, isto é, se o nível de significância é elevado (> 0,05), não há diferença significativa entre elas (aceita-se a hipótese nula).

- Para precisar o grau de associação entre duas variáveis, com base no χ^2 temos:

$$- \text{Coeficiente phi:} \quad \phi = \sqrt{\frac{\chi^2}{N}}$$

Minimiza a influência do tamanho da amostra e graus de liberdade, limitando a amplitude dos valores entre 0 e 1.

$$- \text{Coeficiente de contingência:} \quad C = \sqrt{\frac{\chi^2}{\chi^2 + N}}$$

Varia entre 0 e 1, mas geralmente nunca atinge o 1, pois o valor máximo depende também do número de colunas e linhas. CRAMER introduziu-lhe a seguinte variante:

$$- \text{Coeficiente de contingência:} \quad V = \sqrt{\frac{\chi^2}{N(k-1)}}$$

onde k é o mais pequeno do número de linhas e colunas. O V de CRAMER pode atingir o máximo de 1 para tabelas de quaisquer dimensões.

- Ainda relacionado com o χ^2, GOODMAN e KRUSKAL introduziram o conceito de *proportional reduction in error* (PRE), que é um conjunto de *ratios* de uma medida de erro feita na previsão de valores de uma variável baseada no conhecimento dessa variável só, e a mesma medida de erro aplicada a previsões baseadas no conhecimento de uma variável adicional. Daí o *lambda* de GOODMAN e KRUSKAL, que pode variar entre 0 e 1. O valor 0 significa que a variável independente não oferece possibilidade de conhecer a variável dependente. O valor 1 significa que o conhecimento da variável independente especifica perfeitamente as categorias da variável dependente. Quando as duas variáveis são independentes, *lambda* é 0. Mas um *lambda* 0 não implica necessariamente a independência estatística. Podem ser calculados dois diferentes *lambdas*: um tendo a variável coluna como dependente e outro a variável linha, geralmente com valores diferentes.
- Medidas de incerteza
  - O *coeficiente de incerteza* pode também ser considerado uma medida PRE: incerteza da distribuição de X e Y juntas; incerteza de Y dada X; relativa redução de incerteza de Y dada X; uma versão simétrica do coeficiente. Também varia entre 0 e 1.

- Algumas medidas de relação:
  - *Tau-b* de KENDALL, que varia entre -1 e +1;
  - *Tau-c* de KENDALL, que varia entre -1 e +1;
  - *Gamma* de GOODMAN e KRUSKAL, bastante semelhante ao *tau*;
  - *D* de SOMERS (simétrico e assimétrico), que é uma extensão assimétrica do *Gamma*;
  - Coeficiente *eta* para dados em que a variável dependente é medida numa escala de intervalos e a variável independente numa escala nominal ou ordinal;

- Coeficiente de correlação *r* de Bravais-Pearson, que varia entre -1 e +1, é uma medida da correlação existente entre 2 variáveis.

$$r = \frac{\sum xy - \dfrac{\sum x \cdot \sum y}{N}}{\sqrt{(\sum x^2 - \dfrac{(\sum x)^2}{N})(\sum x^2 - \dfrac{(\sum y)^2}{N})}}$$

- Múltipla correlação - correlação entre múltiplas variáveis. Pode ser correlação parcial ou total. Na parcial, faz-se de conta que apenas duas séries de variáveis se alteram, mantendo-se uma terceira constante. Na total, procura-se a correlação de uma das variáveis com a totalidade das outras.

10 - BIBLIOGRAFIA CONSULTADA

--- *SPSS® Base 11.0 - User's Guide*, Spss Inc., Chicago, 2001, 580 p.

--- *SPSS® Base 12.0 - User's Guide*, Spss Inc., Chicago, 2003, XXVI + 677 p., (versão digital em CD-ROM).

--- *SPSS® Brief Guide*, Spss Inc., Chicago, 2003, XIV + 204 p., (versão digital em CD-ROM).

ANTUNES, Manuel de Azevedo, *Para uma Utilização do SPSS - Statistical Package For The Social Sciences: Guia do Utilizador - Parte I - Estatísticas Descritivas*, CEPAD, ULHT, Lisboa, 2003, 70 p.

BRYMAN, Alan; CRAMER, Duncan, *Análise dos Dados em Ciências Sociais - Introdução às Técnicas Utilizando o SPSS para Windows*, Celta Editora, Oeiras, 2003, 328 p.

COELHO, Joaquim Pinto; Cunha, Lauísa Margarida; Martins, Inês Legatheaux, *Inferência Estatística – Com Utilização do SPSS e G*power*, Edições Sílabo, Lisboa, 2008, 310 p.

HILL, Manuela Magalhães; HILL, Andrew, *Investigação por Questionário*, Edições Sílabo, Lisboa, 2000, 382 p.

MAROCO, João, *Análise Estatística - Com Utilização do SPSS*, 3.ª Ed., Edições Sílabo, Lisboa, 2007, 822 p.

MORRISON, Nancy K., *SPSS-11 - The SPSS Batch System for the Dec PDP-11*, 2ª Ed., McGRAW-HILL Book Company, New York, 1992, 320 pp.

NIE, Norman H. et al., *SPSS - Statistical Package for the Social Sciences*, 2ª Ed., McGRAW-HILL book Company, New York, 1975, 680 pp.

NORUSIS, Marija J., *SPSS/PC+ for the IBM PC/XT/AT*, SPSS Inc., Chicago, Illinois, 1986.

PEREIRA, Alexandre; PATRÌCIO, Teresa, *Guia Prático de Utilização do SPSS - Análise de Dados para Ciências Sociais e Psicologia*, 8ª Ed., Edições Sílabo, Lisboa, 2013, 256 p.

PESTANA, Maria Helena; GAGEIRO, João Nunes, *Análise de Dados para Ciências Sociais - A Complementaridade do SPSS*, 6.ª Ed., Edições Sílabo, Lisboa, 2014, 1238 p.

REIS, Elizabeth; MOREIRA, Raul, *Pesquisa de Mercados*, Edições Sílabo, Lisboa, 1993, 280 p.

11 - ALGUNS SÍTIOS COM INTERESSE, NA INTERNET

http://www.spss.com - SPSS® oficial e internacional.

http://www.pse.pt   - PSE – PRODUTO E SERVIÇOS DE ESTATÍSTICA, LDA – Representante do SPSS® em Portugal.

http://spss.mediateca.pt - Sítio desenvolvido por Alexandre Pereira.

http://www.fpce.uc.pt/nucleos/niips/spss_prc/ - Programas e Rotinas desenvolvidos por Valentim R. Alferes.

ÍNDICE

www.ingramcontent.com/pod-product-compliance
Lightning Source LLC
Chambersburg PA
CBHW081408280526
45788CB00009B/3026